농수산업을
성장 발전시키기 위한
농·어장 경영의 설계도

농수산
창업설계

개정5판

저자 양주환

맑은샘

농수산 창업설계

차례

● ┌PART I 창업설계의 개요

1. 창업설계의 의의 4

2. 창업설계의 필요성 4

3. 창업설계의 작성원칙 6

4. 창업설계의 유형 7

5. 창업설계의 작성절차 및 구성요소 7

● ┌PART II 농·어장 현황

1. 농·어장 개요 10

2. 주요 품목 16

3. 생산기술 18

● ┌PART III 농·어장 환경분석

1. 내부 역량분석 24

2. 외부 환경분석 26

3. 모델(선도)농·어장 분석 : 벤치마킹Benchmarking 56

4. SWOT 분석 59

PART IV 농·어장 비전 및 영농·영어 목표

1. 농·어장 비전 64
2. 영농·영어 목표 66

PART V 영농·영어 계획

1. 투자계획 68
2. 원리금 상환계획 88
3. 투자분석Investment Analysis 91
4. 마케팅계획 102
5. 생산계획 115
6. 재무계획 146

부록1_ 재무계획 작성양식 179
부록2_ 2022 농업과학기술 경제성분석 기준자료집 197
부록3_ 농수산 가공 창업설계 사례 213

참고문헌 235

창업설계의 개요

1. 창업설계의 의의

창업설계는 농·어장을 창업하거나 현재 운영하고 있는 농·어장을 지속적으로 성장시키기 위한 **농·어장 경영의 설계도**라고 할 수 있다.

따라서 창업설계에는 농·어장의 내·외적인 환경에 대한 분석과 이러한 환경변화에 적절하게 대응하기 위해 영농·영어의 아이디어와 실행계획이 포함되어야 한다. 개인이나 조직은 자신의 꿈을 사업을 통해 달성하고자 한다. 농수산업 CEOChief Executive Officer도 이러한 꿈이나 비전을 달성하기 위한 목표와 방향을 구체적으로 구상해야 한다.

2. 창업설계의 필요성

성공적인 영농·영어를 위해 농·어장 CEO는 경영목표와 실행계획을 명확하게 수립하고 정량적으로 나타낼 수 있어야 하는 데 이러한 측면에서 창업설계의 작성은 매우 중요하다. 또한, 창업설계는 영농·영어 계획이 제대로 추진되고 있는 지를 점검할 수 있는 기준이 되며, 농·어장 경영 순환과정P-D-C-A의 출발점이다. 영농·영어 계획Plan

은 농·어장 경영을 위한 출발점으로서의 설계도에 해당하는 데 농·어장이 일정 기간 동안에 달성해야 할 목표, 이를 달성하기 위한 실행계획 그리고 예상되는 경영성과를 담고 있다. 사전에 치밀하게 수립된 계획도 없이 영농·영어에 종사하는 것은 미지의 목적지로 무작정 떠나는 것과 같으며 사전에 수립된 계획은 실행을 위한 가이드라인으로서의 역할을 담당한다. 계획에 따라 영농·영어가 이루어져야 하며 어쩔 수 없이 계획에서 벗어나야만 할 경우는 수정되어야 한다. 따라서 계획은 치밀한 준비와 실행가능성을 염두에 두고 수립되어야 한다. 농·어장 경영 순환과정의 두 번째 단계인 실행Do은 사전에 수립된 계획에 따라 이루어지며 특히 인적, 물적 자원의 배분은 계획단계에서 수립한 예산에 따라 효율성 있게 추진되어야 한다. 농·어장 경영 순환과정의 세 번째 단계Check는 영농·영어의 실행이 계획에 따라 제대로 이루어지고 있는 지를 점검하는 관리행위이다. 사업연도가 종료된 후 계획과 결과의 차이를 분석한다. 마지막 단계Action는 계획과 결과의 차이를 분석하고 이를 차기의 농·어장 경영 순환과정에 피드백하는 것이다. 계획과 결과의 차이를 분석하고 그 차이원인을 검토하는 과정은 농·어장 경영역량의 강화를 위해 매우 중요하다. 농·어장 경영 활동은 살아있는 생물과 같아서 계획대로 예정된 결과를 달성하기는 매우 어렵지만 이러한 농·어장 경영 순환과정을 통하여 경험과 노하우를 축적하면서 농·어장의 경영 능력을 배양시킨다. 따라서 농수산분야의 창업설계는 농·어장 경영 순환과정에서 영농·영어의 목표를 설정하고 그 영농·영어의 목표를 달성하기 위한 방향을 설정하고 실행계획을 수립하는 지침서이다.

창업설계에는 구체적인 영농·영어의 추진 내용과 방법 그리고 예상되는 수익분석까지 포함하고 있기 때문에 투자자, 정부기관, 금융기관 등 이해관계자에게 자신이 추진하는 사업을 이해시키고 필요한 지원을 요청하기 위한 자료로도 활용된다.

이제 농·어장을 경영하는 데에도 많은 자본이 필요하고, 영농·영어 기술에 따라 생산성도 크게 달라지고 있다. 농수산업 분야에도 경영이 필요한 이유이다. 고부가가치 농수산업을 영위하기 위하여 과학적이고 치밀한 조사와 사업성 분석에 기반을 둔 합리적이고 체계적인 영농·영어계획을 수립하고 이에 따라 계획적인 영농·영어를 하기 위해서는 창업설계를 잘 수립하고 준비해야 한다.

3. 창업설계의 작성원칙

창업설계를 작성하는 원칙은 크게 다섯 가지를 들 수 있다. 첫째는 이해의 용이성으로 작성내용을 누구나 알 수 있고 이해하기 쉽게 작성해야 한다. 창업계획을 작성할 때 자주 볼 수 있는 유형 중의 하나가 전문용어와 외국어의 남발을 들 수 있는 데 전문용어를 너무 많이 사용하면 그 단어의 의미를 이해하려다가 작성내용을 간과하는 경우가 많다. 아무리 어려운 전문용어일지라도 쉽게 풀어쓸 수 있는 데도 기술이나 사업의 차별성을 강조하려고 일부러 전문용어를 고집하는 경우가 있지만 쉬운 말이 쉽게 이해되는 법이다.

둘째는 객관적인 사실을 근거로 작성하되, 자료의 신뢰성을 확보하기 위해서는 자료출처를 반드시 제시하여야 한다. 즉 창업설계는 사실적인 내용으로 작성하되 외부의 자료를 인용할 때는 반드시 그 출처와 원전을 표시하여 신뢰감을 주어야 한다.

셋째는 창업설계의 작성내용은 일관성을 유지해야 한다. 창업설계가 일관성을 유지하기 위해서는 작성내용이 논리적이고 체계적인 구조를 갖추어야 한다. 창업설계는 일반적으로 기대하는 구조와 내용 및 순서가 있다. 따라서 창업설계는 기본적인 틀과 구조를 갖춘 창업설계로 구체화하여야 한다.

넷째는 창업설계의 내용이 실현 가능성이 있어야 한다. 창업설계의 영농·영어 목표와 계획은 현실적으로 달성이 가능하고 실현 가능성이 있어야 한다.

마지막으로 다른 창업설계와 차별성이 있어야 한다. 이는 창업설계 작성내용에 창의적인 아이디어와 비즈니스모델을 포함해야 한다는 것이다.

4. 창업설계의 유형

창업설계의 유형에는 크게 창업과 승계 영농·영어의 두 가지로 형태로 구분해볼 수 있다. 창업 영농·영어는 처음으로 영농·영어를 시작하는 신규 영농·영어로 '백지白紙상태'에서 시작하는 창업설계 유형을 말한다.

승계 영농·영어는 '지금까지의 농·어장 경영'을 기반으로 출발하되, 기존 농·어장을 크게 개선하는 창업설계 유형을 의미한다.

5. 창업설계의 작성절차 및 구성요소

창업설계는 그 자체가 목적이 아니라 최종 결과물, 즉 **농어가 소득을 높이기 위한 목적을 달성하는 수단**이다.

이러한 측면에서 창업설계는 다음 세 가지의 기본적인 질문에 대한 해답을 구하는 과정으로 구성된다는 사실을 명확히 이해할 필요가 있다. 만일 세 가지 질문 중 어느 하나라도 질문에 대한 해답을 제시하지 못한다면 제대로 작성된 창업설계라고 볼 수 없으며 창업설계는 세 가지 질문에 대한 해답을 전문적인 용어로 정리한 결과물이다.

창업설계의 프로세스는 질문과 해답을 구하는 과정으로 이들 질문에 대한 해답들을 의미 있고 일관성이 있는 방식으로 요약하여 정리한 것이다.

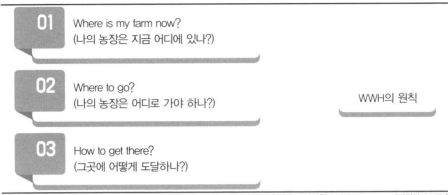

1) 창업설계의 작성절차

기본적인 세 가지 질문에 대한 해답으로 구성되는 데 크게 4단계로 나누어 순서대로 작성하면 된다. 1단계는 전반적인 농·어장 소개, 2단계는 농·어장의 내부역량과 농·어장을 둘러싼 외부환경분석, 3단계는 1단계와 2단계의 분석결과를 토대로 농·어장의 비전과 중장기 영농·영어 목표를 설정하고 마지막 4단계에서는 농·어장의 비전과 목표를 달성하기 위한 구체적인 영농·영어계획을 수립하는 것이다.

2) 창업설계의 구성요소

1단계의 농·어장 소개에서는 전반적인 농·어장 현황과 관련된 사항으로 **농·어장 개요, 생산품목** 그리고 **생산기술(방법)**에 대한 내용을 기술한다.

2단계의 환경분석에서는 농·어장을 둘러싼 내·외부환경에 대한 분석내용으로 내부역량분석, 외부환경분석, 동일품목을 생산하는 **선도농·어장(모델농·어장)를 분석**하여 환경적인 기회와 위협요인을 검토하고 1단계와 2단계의 분석내용을 토대로 **SWOT(Strength-Weakness-Opportunity-Threat) 분석**을 실시한다.

3단계에서는 1단계와 2단계의 분석결과를 토대로 미래 **농·어장의 비전**과 **중장기**

영농·영어 목표를 설정한다.

4단계에서는 3단계의 비전과 목표를 달성하기 위한 구체적인 영농·영어계획을 작성하는 데 **투자 및 원리금 상환계획, 마케팅계획, 생산계획** 그리고 영농·영어계획을 실행한 결과로 나타나는 **재무계획**을 작성하게 된다.

창업설계 작성절차 및 구성요소

질문 1. Where is my farm now?		질문 2. Where to go?	질문 3. How to get there?
1단계 농어장 소개	**2단계** 환경 분석	**3단계** 목표 설정	**4단계** 계획 수립
농어장 현황 (승계)	농어장 환경 분석	비전 및 목표	영어농 계획 수립
◦ 농어장 개요 ◦ 주요 품목 ◦ 생산 기술	◦ 내부역량 분석 ◦ 외부환경 분석 ◦ 모델농어장 분석 (Best Practies) ◦ SWOT 분석	◦ 농어장 비전 ◦ 영어농 목표	◦ 투자 및 원리금상환계획 ◦ 마케팅 계획 ◦ 생산 계획 ◦ 재무 계획

PART II

농·어장
현황

▣ 승계 농·어장인 경우는 기존 농·어장에 대한 소개를 1단계에서 작성하되, 창업 농·어장인 경우는 4단계의 생산계획에 포함하여 작성해야 한다.

1. 농·어장 개요

창업설계의 첫 번째 단계는 기존 농·어장에 대한 전반적인 현황을 소개하는 것으로 시작한다. 승계의 경우에는 기존에 운영하고 있는 농·어장의 현황을 소개하고 창업의 경우에는 4단계의 영농·영어계획의 생산계획을 수립할 때 작성하면 된다.

① 현재 경영하고 있는 농·어장의 이름을 기술한다.

② 농·어장에 대한 법적인 소유권을 가지고 있는 대표 명을 작성한다.

③ 농·어장을 설립하여 운영하기 시작한 연도를 기재한다.

④ 농·어장이 현재 위치한 소재지의 주소를 작성한다.

⑤ 현재 경영하고 있는 농·어장에서 함께 영농·영어에 종사하고 있는 인원을 작성하되, 가족관계를 설명하고 고용인력의 경우 고용유형(상용직/임시직)을 명시한다.

⑥ 농·어장에서 생산하여 판매하는 품목 중 주요한 생산품목과 생산규모를 작성한다.

⑦ 농·어장에서 운영하고 있는 홈페이지나 블로그 등의 주소를 기록하고 또한 이메

일 주소를 작성한다.

⑧ 가장 최근 년도 농·어장의 연간 매출액(조수입)과 (경영)비용을 제외한 이익(소득)을 기술한다.

⑨ 농·어장에서 생산한 농수산물의 판매 및 유통 경로를 기술하되, 판매처별 비중을 함께 표시한다.

⑩ 농·어장의 주요한 생산시설(토지, 창고, 농기계, 축사 등)을 중심으로 작성한다.

⑪ 농·어장에서 보유하고 있는 특허, 농수산물 생산과 관련된 인증(친환경 등) 또는 수상실적 등에 대한 사항을 작성한다.

농·어장 개요의 작성항목 및 내용

no.	항목	내용
1	농·어장 명	농·어장이름(브랜드)
2	농·어장주	법적인 농·어장 대표 명
3	농·어장 설립 연도	농·어장 개시 연도 및 연혁
4	농·어장 주소	농·어장의 현재 소재지 주소
5	농·어장인원	가족관계 및 고용인력의 고용유형
6	주요 생산품목	대표적인 생산품목과 규모
7	농·어장 홈페이지, 블로그, 이메일	홈페이지, 블로그, 이메일 주소
8	매출액(조수입), 이익(소득)	최근 년도 매출액(조수입)과 이익(소득)
9	판매유통경로	유통경로 및 판매처별 점유비중
10	주요 생산시설	토지, 창고 등 생산시설
11	특허, 인증 등	특허, 실용신안, 상표권, 인증, 수상실적 등

1) 농장 명 : ○○○○

2) 농장 주 : △△△ (부)

3) 작목 : 한우 (번식우, 비육우)

4) 주요 생산시설

(개) 토지규모

종류	내용	면적(㎡)	평가액(천원)	구입 연도
축사부지	경기 광주시 ○○면 ○○○리 ○○○번지	11,220	102,990	1990년
논	경기 광주시 ○○면 ○○○번지	660	30,000	1995년

(나) 시설규모

종류	시설구조	규모(㎡)	평가액(천 원)	내용년수	설치연도
A 동	개방형 축사	200	91,360	20	2005
B 동	개방형 축사	200	91,360	20	2005

5) 농장위치 : 경기도 ○○시 ○○면 ○○○리 ○○○-○

1) 농장 명 : 사이산채

2) 농장 주 : △△△ (본인)

3) 농장 위치 : 경기도 양평군

4) 가족 사항 : 본인, 배우자

5) 주요 작목 : 산채 (육묘 및 생산 가공)

▣ 농장 명

농장 명은 '사이산채'로서 '도시와 시골 사이', '사람과 자연 사이', '숲과 사람 사이', '사람과 사람 사이' 등 다양한 의미로 사용될 수 있는 '사이'라는 단어를 핵심으로 한다. '사이'라는 단어는 나무와 나무 사이에 산채를 재배하기 때문에 그 특성을 잘 나타낼 수 있고, 또한 향후 휴양체험 농원으로 성장·발전시킬 때 이 '사이'는 도시와 시골을 이어주는, 사람과 사람을 이어주는 사이라는 의미로도 적절하게 활용할 수 있다. '사이산채'라는 농장 명을 가지고 육묘장과 임간재배농장, 휴양체험농장으로 운영목표를 단계적으로 추진할 계획이다.

▣ 농장 주

○○○○년 한국농수산대학 특용작물학과에 입학하여 작물재배에 관한 기본 지식을 습득하였고, ○○○○년에는 강원도 농업기술원 산채연구분소에서의 장기현장실습을 통해 산채와 관련된 전문 지식을 축적하였다. ○○○○년 대학에서 산채 육묘에 대한 창업설계를 준비하였고, ○○○○년부터 산채 육묘, 마케팅 및 판매를 추진할 예정이다.

▣ 창업 예정 지역

졸업 후 창업 예정지역은 경기도 양평군이다.

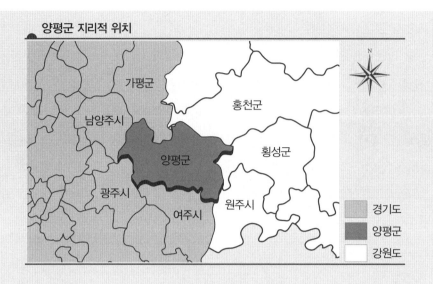

양평군 지리적 위치

양평군은 경기도의 북동부에 위치한 지역으로 북동쪽으로는 강원도 홍천군, 동쪽
으로는 횡성군, 남동쪽으로는 강원도 원주시, 남쪽으로는 경기도 여주시, 남서쪽으
로는 경기도 광주시, 서쪽으로는 경기도 남양주시, 북쪽으로는 경기도 가평군과 인
접한 곳이며, 서울시청에서 양평군청까지 대중교통은 약 1시간 30분, 자동차로는 약
1시간 20분 정도의 거리에 위치하고 있다.

◼ **가족 사항**

가족 구성원은 △△△(본인)과 배우자 2명으로 구성되어 있으며 영농 참여율은 본인
은 100%이고 배우자는 주말을 활용한 판매지원 이외에 농업 생산에는 직접 참여하
지 않는다.

◼ **주요 생산품목**

주요 생산품목은 산채이며 우선, 초기 5년 동안은 산채 육묘만을 생산할 예정이다.
육묘품목은 시기별 시장 상황을 고려하되 곰취와 산마늘, 참취 그리고 눈개승마를
중심으로 생산하며, 이후 지속적인 산채 밭 조성을 통해 생산·가공까지도 추진할
계획이다.

사례 : 창업 커피농장

1) 농장 명 : 데메테르

2) 농장 주 : △△△ (본인)

3) 농장 위치 : 전라북도 ○○시 ○○면 ○○○리 ○○○-○

4) 가족사항 : 5명(본인, 부모, 형제)

5) 생산 품목 : 유기농 아라비카 스페셜티 커피

◼ 농장 명

데메테르는 그리스 신화에 나오는 올림포스 12신 중 하나인 대지의 여신으로 대지에서 자라는 곡물의 성장과 땅의 생산력을 관장하는 여신이다. 데메테르 여신의 도움을 받아 농장에서 재배하는 작물의 생장과 생산력을 제고하여 안정적인 소득을 확보할 수 있도록 염원하는 의미에서 농장 네이밍을 하였다.

사례 : 승계 뱀장어 양식장

1) 양식장 명 : ○○양만장

2) 양식장 대표 : △△△ (父)

3) 양식장 위치 : 전라남도 ○○군 ○○읍 ○○○ ○○○-○

4) 양식장 면적 : 4,958㎡

5) 양식 품종 : 뱀장어

2. 주요 품목

농·어장에서 생산되는 주요 생산품목에 대한 소개는 생산품목 중 비중이 큰 품목을 대상으로 **품목과 특성**을 기술하되, 품목사진을 함께 보여주는 것이 효과적이다.

사례 : 둥근마

◼ 둥근마의 특성

둥근마Dioscorea opposita THUNB는 주성분인 전분이 20~24% 정도 함유되어 있고 단백질도 3.3%가 들어있다. 또한, 독특한 성분인 점질물이 2.4% 포함되어 있으며, 수분은 65%로 건물량이 높은 편이다. 점질물은 마를 갈아서 식용으로 사용할 경우 장마(0.59%)보다 약 4배(2.4%)나 많다. 전분량도 23.65%로 장마(7.67%)보다 약 3배 정도 많다.

둥근마는 최근 미용, 건강음료, 인스턴트식품의 소재로 폭넓게 이용되고 있으며 약용으로는 보신익정제補腎益精劑, 발한제發汗劑, 발한억제제發汗抑制劑, 구충제驅蟲劑, 궤양潰瘍, 적리赤痢 등의 치료 약으로서 가치가 높다.

국내에서 재배되고 있는 마D. opposita, D. Japonica는 괴경의 형태에 따라서 장형종을 장마, 편형종은 불장마, 괴형종은 둥근마 등으로 부르고 있다. 특히 괴형종에는 대화마大和芋, 단파마丹波芋 등이 도입되어 재배되고 있다.

마에는 뮤신이라는 단백질이 들어 있는데 뮤신은 사람의 위점막에서도 분비되는 것으로 위액이 위를 부식시키지 못하게 하는 역할을 한다. 또한 마는 폐를 보호하여 기침을 멈추게 하고 체력의 소모를 막아주는 효과가 있는 것으로 알려져 있다.

사례 : 호접란

◉ **학명 :** 팔레놉시스(Phalaenopsis)

◉ **원산지 :** 동남아시아

◉ **호접란의 특징**

부케나 코사지로 많이 사용되는 팔레놉시스는 나비가 무리지는 모양으로 호접란이라고도 불린다. 꽃은 백색, 핑크색, 노란색 등이 있으며 최근에는 미니종도 많이 나와 있다. 20종 정도의 원종이 있고 교배종도 많이 만들어져 유통되고 있다.

양란 중에서 심비디움과 더불어 국내에서 가장 인기 있는 품종의 하나이다. 값이 싸고 꽃이 아름다우며 개화하면 꽃이 피어있는 기간도 길며(3～6개월) 무엇보다도 별 어려움 없이 실내에서 키우기에 적합하기 때문이다. 겨울에서 봄 사이에 꽃이 피지만 여름까지 피기도 한다.

◉ **호접란의 재배방법**

◦ 온도: 낮 기온은 섭씨 24도～29도, 밤 기온은 섭씨 15～18도가 적당하고, 고온성 난이므로 최저 18도를 유지해야 한다.

◦ 공중습도: 60～70%

◦ 광·통풍: 차광은 봄, 가을에는 50%, 여름에는 70～80% 정도 차광을 하며, 통풍이 잘되도록 한다.

◦ 물관리: 마르면 흠뻑 주되, 잎 사이에 물이 고이지 않도록 한다.

∘ 시비: 4–11월에 월 1회 고형비료와 액비를 준다.

　∘ 번식: 단경성 난으로 포기가 생기지 않기 때문에 조직배양으로 증식한다.

　∘ 분갈이: 봄에 새뿌리가 나올 때 썩은 것은 제거하고 새로운 용토(바크)에 심는다.

▣ **꽃말 :** 당신을 사랑합니다.

▣ **용도 :** 축하용, 선물, 인테리어소품, 공연, 전시회, 결혼신부의 부케꽃 등

3. 생산기술

　농·어장에서 생산하고 있는 주요 품목을 대상으로 생산기술이나 재배방법에 관해 설명하되, 절차나 순서에 대한 사진과 그림을 활용하여 이해하기 쉽게 작성한다.

사례 : 둥근마

(1) 씨마種球 준비

씨마는 두부頭部의 단면이 둥글고 두꺼운 괴경 중 육질이 견고하고 충실한 것(크기가 250g~350g)으로 병균이나 해충의 기생이 없는 괴경을 선별한다. 씨마의 정아定芽는 보통 1개체에 한 개가 있는 데 증식을 위해 분할하여 처리하면 분할한 괴경에서 부정아不定芽를 만든다. 씨마를 그대로 봄까지 저장하다 정식기가 되면 분할하여 심는다. 소독방법은 분할한 씨마의 절단면을 건조하여 베노람수화제에 씨마를 침적한다(망사 등에 넣어 사용).

씨마 준비는 10a 당 250㎏∼300㎏을 준비한다. 저장된 씨마를 3월 중순경 꺼내어 50g 내외로 절단하여 2∼3일간 그늘에서 말린 후 소석회 분의처리 한다. 4월 중순경에 꺼내어 감자 종자처럼 50g 내외로 절단하여 베노람수화제 500배 액에 10∼20분간 침지 후 건져낸 후 그늘에서 말린 다음 소석회로 분의처리 한다. 목초액을 이용한 종자소독 방법은 유기농에서 많이 사용되는 소독방법으로 시중에서 판매하는 살균제를 대신 사용할 수 있다. 종자소독은 물 2ℓ당 목초액 10cc(200배)에 20분간 침전 후 파종하면 발아촉진 및 병해를 예방할 수 있다.

씨마 절단 및 소독과정

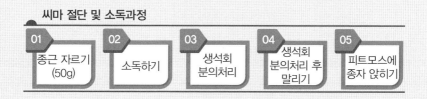

| 01 종근 자르기 (50g) | 02 소독하기 | 03 생석회 분의처리 | 04 생석회 분의처리 후 말리기 | 05 피트모스에 종자 앉히기 |

(2) 최아崔芽 재배

조기재배나 정식시기의 노력분배, 만식晩植 대책 등에 최아재배를 도입할 수 있다. 최아는 싹이 트기 시작한 마를 이식하는 것이므로 결주缺株가 생기는 일이 없으며, 중수增收로 연결될 수 있다. 최아에는 온상溫床이나 온실 등에서 마와 마가 접촉하지 않을 정도로 씨마를 배열해 복토 후 비닐로 피복한다. 최아상崔芽床은 때때로 관수를 하여 건조되지 않도록 주의한다. 새싹이나 새 뿌리가 1∼2㎝로 된 것을 조기재배의 경우에는 4월 중∼ 하순에, 노력분배상 늦추는 경우에도 5월 중∼ 하순까지로 새싹이나 새 뿌리를 건조되지 않도록 이식移植하고 관수灌水한다.

종자소독을 마치고 생석회로 분의처리한 씨마는 감자 육아재배와 같이 하우스 안에서 전열온상이나 깨끗한 상자를 이용하여 피트모스를 섞은 상토에서 최아시켜 정식하면 균일하게 발아시킬 수 있다.

(3) 본포 두둑 만들기 및 멀칭

두둑 만들기는 높이 30㎝ 이상으로 설치하는 것이 좋다. 배수가 불량한 지역에 대해서는 더 높이 설치를 한다. 초기 지온을 상승시키기 위해 백색비닐 멀칭을 사용하나 보통 잡초 발생을 억제하기 위해 흑색비닐 멀칭을 사용한다. 두둑에 볏짚이나 유기물(풀)을 텃밭에 깔아준다. 볏짚을 깔아줌으로써 잡초들의 발아 억제 및 지온을 상승시키며 멀칭을 했을 때 여름의 경우 염류집적 현상이 일어날 수 있다. 짚을 깔아줌으로써 고온기에 온도를 떨어뜨리고 지온이 내려가는 것을 막아줄 뿐만 아니라, 수분유지를 하므로 친환경적인 짚을 깔아 주는 게 효율적이고 가을에 멀칭 비닐을 제거할 필요가 없다.

(4) 정식定植

저장 중의 씨마의 뿌리 발생시기가 마의 발육 개시기이며, 이것이 둥근마의 정식 적기이다. 4월 중 하순, 5월 초 지온이 16℃ 이상일 때 식재를 한다.

10a 당 종근량은 2,500〜2,600주이다. 씨마를 정식하기 1주일 전에 멀칭을 하고 식재간격은 골 간격 100〜120㎝, 포기간격 20〜30㎝, 이랑 높이는 30㎝이다. 둥근마 식재 구멍은 5㎝로 충분히 넓게 뚫는다. 좁게 뚫으면 둥근마의 움이 비닐을 뚫고 올라오지 못한다. 식재 구멍에 깊이 7㎝ 정도의 구멍을 판다. 옮겨 심을 구멍의 흙은 될 수 있는 한 잘게 부수어 씨마의 절단면 위쪽에 넣고, 표피부위가 흙과 잘 밀착하도록 가볍게 눌러 준 다음 복토를 한다. 복토가 너무 두껍게 되면 발아가 늦고 부패할 염려가 있으므로 복토는 3㎝ 이내로 한다. 그 위에 건조 방지를 위해 왕겨나 짚 등을 덮어주면 좋다.

(5) 식재 후 관리 요령

(가) 지주대 설치

지주대 설치는 가능하면 파종 후 조기 설치하는 것이 중요하다. 발아 후 덩굴

2~3 마디 생육 전 설치 완료하는 것이 좋다.

㈏ 관수관리

관수灌水 시기는 생육 중 토양의 수분함량과 둥근마의 비대 및 모양에 크게 영향을 준다. 특히 파종 후 5월의 가뭄은 둥근마의 출아 및 초기생육에 영향을 주기 때문에 가뭄이 계속될 때 반드시 관수를 실시해 조기에 출아와 줄기수를 확보하도록 한다. 그러나 한꺼번에 다량으로 관수하거나 한낮 햇볕이 뜨거울 때는 될 수 있으면 피하도록 한다.

㈐ 제초작업

제초작업은 생산 수량과 매우 밀접한 관계가 있으므로 생육 중인 잡초를 제거하는 것이 중요하다. 두둑을 짚, 비닐 등으로 지면을 덮어서 멀칭을 할 경우 잡초의 발아가 억제된다. 둥근마의 식재 구멍을 5㎝ 정도 구멍을 내서 식재를 하였기 때문에 둥근마 움이 올라오고 이곳에 풀이 자라므로 이 부분은 손 제초를 해야 한다.

㈑ 웃거름 주기追肥

마의 초기 생육은 씨마의 저장양분에 의존하지만 흡수근吸收根에 의해 양분을 본격적으로 흡수하는 것은 7월 상순, 중순 이후이므로, 이 시기가 되면 비료의 효과가 즉시 나타나기 때문에 거름을 주어야 한다. 추비追肥는 생육상황에 따라 1~2회 나누어 주는 것이 좋다. 이랑에 포기 사이사이에 구멍을 뚫어 완숙된 발효퇴비를 넣어 준다. 추비는 1차로 6월 하순에 완숙된 퇴비를 넣어주는 데 이때 뿌리가 상하지 않도록 골의 옆에 구멍을 파고 넣은 다음 넣어준다. 2차 추비는 7월 중, 하순경에 실시하는 데 2차 추비 시 이랑의 반대편에 구멍을 뚫고 완숙된 발효퇴비를 넣어 준다. 질소비료의 효과는 퇴비를 충분히 줄 때 크게 나타난다.

(6) 수확

보통은 경엽이 고사하고 마가 충분히 비대해지는 11월 초순에 수확한다. 이때 둥근 마의 표피는 황색에서 황갈색 또는 암갈색으로 변한다. 수확 시 마의 굴취 위치를 알 수 있도록 원래 포기의 줄기를 10~20㎝ 정도 남기고 지상부와 지주를 정리한다. 덩이뿌리가 상하지 않도록 하며 삽을 이용하여 굴취한다. 굴취할 때에는 괴경 표피에 상처가 나지 않도록 흙을 조심스럽게 털어서 수확한다. 손상된 마는 부패하기 쉬우며 또한 상품가치가 저하되므로, 마를 수확할 때에는 마가 손상되지 않도록 주의해야 한다.

(7) 수확 후 처리

수확 후 마는 잔뿌리와 흙을 제거한 후 그늘에 말린다. 그늘에 말린 마는 모양과 크기 그리고 품질에 따라 선별 작업을 실시한다. 선별한 마는 종류별로 저장하고 상처가 있는 마는 따로 분리하여 저장한다. 저장 온도는 14℃ 정도가 적당하다. 특히 상처가 난 마는 신선한 마와 함께 저장하지 않도록 하고 다음 해에 사용할 종자는 별도로 구분하여 저장하도록 한다.

건마로 보관할 경우는 껍질을 벗겨 건조기에 2일 정도 말린다. 연탄불 건조는 이산화황이 축적되므로 활용하지 않는 것이 좋다. 한약재용은 잔뿌리를 제거한 후 대칼 등을 이용하여 껍질을 벗기고 건조시킨 후 온도가 낮고 건조한 곳에 저장한다.

사례 : 가정간편식(HMR)

생산공정

원료입고	저장	처리	포장/출고	고객관리
•규격	•상온	•선별세척	•개인별분류	•클레임
•원산지	•냉장	•절단	•내포장	•분쟁
•품질	•예냉/냉동	•계량	•외포장	•요구사항
•유통기간	•혼입방지	•조리/가공	•보관	•고객정보
•안전성		•살균	•냉장유통	•유통정보

원물 입고/보관
(냉장 10℃이하)

<전처리>
비 가식 부위
제거 및 세척

절단

데침

<냉각>
수온 20℃ 이하

<탈수>
AIR 유압 탈수

<교반>
1차, 2차 교반

<교반>
3차 교반

<계량>
(1kg↑계량)

<BQF>
(-40℃↓2시간)

내포장
(PP/PE 포장)

금속검출

외포장
(박스포장)

PART III

농·어장 환경분석

농·어장이 직면한 상황을 분명히 이해하는 것은 창업설계 수립의 출발점이다. 농·어장의 목표 수립과 이를 달성하기 위한 올바른 전략의 선택은 바로 농·어장을 둘러싼 환경적 변화에 대한 정확한 이해에서 출발해야 하기 때문이다. 농·어장 환경은 내부적 환경과 외부적 환경으로 구분할 수 있으며 내부환경은 주로 생산능력과 재무능력 등 농·어장이 보유하고 있는 자원과 역량에 대한 것이며, 외부환경은 농·어장의 경영활동에 직간접적으로 영향을 주는 요인을 포함하고 있는 영역들이다. 생산품목이나 규모 등 농·어장이 직면한 고유의 상황에 따라 경영활동에 영향을 미치는 환경적 요인은 각기 다를 수 있다.

1. 내부 역량분석

농·어장의 대표적인 내부역량으로는 생산능력과 재무능력을 들 수 있는 데 생산능력에는 인적자원, 생산성, 품질수준 등이 있고 재무능력에는 재무구조, 수익성, 지적재산권 등이 있다.

생산능력 중 인적자원은 가용한 노동력과 영농·영어 경험에 대한 평가를 의미하는 데 실제 영농·영어 인력과 생산 품목에 대한 영농·영어 경험을 조사하여 분석한다. 또한, 생산 품목의 생산성은 예를들면 10a당 생산량을 조사하여 타 농·어장과 비교분석을 한다. 그리고 품질수준은 생산된 농수산물의 품질을 파악하고 평가한다.

　재무능력은 재무구조의 건전성을 평가하는 데 농·어장의 자산, 부채, 자본에 대한 내용을 조사하여 파악한다. 또한, 수익성은 농·어장의 매출 및 이익에 대한 수익성을 조사하고 평가하며 지적재산권은 농·어장이 보유하고 있는 특허, 상표권 등의 내용을 조사한다.

　결론적으로 내부역량분석을 통해 농·어장이 보유하고 있는 강점과 약점을 파악하고 평가한다.

내부역량 분석

구분		조사항목
생산능력	인적자원	가족 및 고용노동 인력구성. 영농·영어 경험
	생산성	10a당 생산량(농·어장 및 전국 평균)
	품질수준	농·어장에서 생산되는 농수산물의 품질수준
재무능력	재무구조	자산, 부채, 자본의 구조
	수익성	매출 및 순이익
	지적재산권	특허, 상표권, 실용신안 등

사례 : 인적자원분석

가족사항					고용인력			
관계	성명	연령	직업	영농 참여율(%)	성명	연령	고용형태	영농 참여율(%)
조부	조 AA	73	농업인	100	이 EE	69	상용직	100
부	조 BB	48	농업인	100	옥 FF	45	상용직	100
제	조 CC	17	학 생	10	일용직 3명 연간 20일 고용			
본인	조 DD	20	학 생	–				

사례 : 생산성 비교분석

전국 평균	○○ 농장
500kg/10a	520kg/10a

자료 : 통계청(○○○○년)

사례 : 품질수준 비교분석

(단위 : %)

	특품	상품	중품	하품	계
전국 평균	30	40	20	10	100
○○ 농장	25	35	30	10	100

자료 : 품목별 유통실태(한국농수산식품유통공사, ○○○○년)

2. 외부 환경분석

농·어장을 둘러싼 외부 환경으로는 기상, 농지, 생산기술 등 영농·영어 환경, 생산된 농수산물의 판매유통과 관련된 시장환경, 그리고 정부의 영농·영어 정책 방향을 들 수 있다.

영농·영어 환경분석은 영농·영어 지역의 기후, 농지, 생산기술 등 농·어장을 둘러싼 환경요인들을 중심으로 조사하고 평가하되, **창업의 경우**는 영농·영어 예정지역을 중심으로 조사하고 평가한다.

영농·영어 환경분석을 위한 조사항목으로는 크게 기상환경, 농지환경, 기술 환경, 사회경제적인 환경의 네가지로 구분할 수 있다.

기상환경은 해당 지역의 기온, 적설량, 일조량, 강우량, 자연재해 등이며, 농지환경은 토지의 경사도, 토심, 수리시설, 경지정리 상태 등을 조사하여 분석하고, 기술환경은 해당 생산품목의 최신 생산기술 동향에 대한 조사내용을 포함하며, 사회경제적인 환경으로는 해당 지역의 일반현황, 농수산업 현황, 주요 농수산물 생산현황, 교통 및 접근성 등을 조사한다.

구분	조사항목
기상환경	기온(최저, 평균, 최고), 적설량, 일조량, 강우량, 재해 등
농지환경	경사도, 토심, 수리시설, 경지정리 등
기술환경	해당 생산품목의 최신 기술동향
사회경제환경	해당 지역의 일반현황, 농수산업 현황, 주요 농수산물 생산현황 등

사례 : 영농환경분석

▣ 기상 환경분석

경기도 양평군은 주변이 산으로 둘러싸인 분지 형태이며, 남한강이 양평군을 남에서 북으로 가로질러 양수리에서 북한강과 만나서 합류한다. 특히 북–북동–동쪽으로는 험준한 산지가 자리 잡고 있다.

연평균기온의 평년값은 11.5℃이며 최한월 평균기온은 −3.4℃(1월), 최난월 평균기온은 24.7℃(8월)로 28.1℃의 연교차를 보인다.

연 강수량의 평년값은 1,438.2㎜로 여름철(6~8월) 강수량(915.7㎜)이 약 64%를 차지한다.

연평균풍속의 평년값은 1.2%이며, 월평균 풍속은 9월과 10월이 0.9m/s로 가장 낮고 3월과 4월이 1.5%로 가장 높다.

연 평균상대습도는 70.5%이며, 4월에 58.1%로 가장 낮고, 8월에 80.1%로 가장 높다.

창업예정지의 기상조건

구분		겨울			봄			여름			가을			연평균
		12월	1월	2월	3월	4월	5월	6월	7월	8월	9월	10월	11월	
기온	평균(℃)	-2.2			11.4			24.7			24.7			14.7
	최고(℃)	3.2			18.0			29.7			29.7			20.2
	최저(℃)	-7.1			5.3			20.8			20.8			10.0
강수량(mm)		61.1			214.2			1,008.0			1,008.0			572.8
강수일수(일)		15.0			27.8			45.0			45.0			33.2
일조시간(hr)		479.3			578.8			408.7			408.7			468.9
습도(%)		66.2			60.0			76.8			76.8			70.0

자료 : 기상청 l 관측 장소 : 양평군 기상청 l 최근 5개년 평균 : ○○○○년부터 ○○○○년까지

◪ 농지 환경분석

(1) 토양 조건

▶ 경지는 좁지만, 양평군의 대부분 토양이 화산 물질의 풍화토와 충적토로 토지가 비옥하다. 또한, 산지가 많아 벼멸구 같은 외래 해충피해가 거의 없다.

(2) 수리 조건

▶ 인근에 저수지(백학저수지)와 강이 있어 물 대는 것에 크게 어려움이 없다.

(3) 경지정리 상태

▶ 논은 비교적 경지정리 상태가 양호한 편이나, 밭은 한곳에 있는 것이 아니라 여러 군데에 흩어져 있어 접근성이 매우 떨어진다.

◪ 기술 환경분석(과수 수례)

① 과수 현장적용 실용화 기술 사례

▶ 저농약농산물 인증제 폐지에 대응한 유기과수재배 기술적용

 – 유기과실 생산을 통한 상품성 차별화로 소비촉진 및 농가소득 향상

▶ 과수 국내 육성품종 보급

 – 다양한 맛과 향의 신육성 우리품종 보급 확대로 소비인식 전환 및 과일 소비 촉진

▸ 직분사분무건 활용 복숭아 생력적화

   – 생력적화 결실안정 패키지화 기술보급으로 시범효과 배가

② 과수 주요 연구성과 및 신기술

▸ 2025년 사과산업 경쟁력을 세계 10위 수준으로 제고

   – 단경기용 극조생 '썸머프린스' 및 급식용 '루비에스' 육성

   – 미생물 처리에 의한 사과원 피복녹비의 무기화 촉진

   – 사과 면충 포획용 끈끈이트랩 이용기술 및 스마트폰 활용 미소해충 예찰

▸ 국제 경쟁력 보유 고품질 배·단감 생산 기술 개발

   – 소비자 기호 반영 중소과 및 신소비 창출을 위한 적색과피 품종 육성

   – 신육성 품종 측지양성 기술개발 및 중소과 생산을 위한 적정착과량 구명

   – 단감 산업 활성화를 위한 고품질 완전단감 육성

   – 가을 동상해 엽 피해 정도에 따른 '갑주백목'수확 후 관리 기술

▸ 핵과류 신품종 개발, 보급 및 안정생산체계 구축

   – 소비자 기호 반영 천도계 복숭아 및 내한성 강화 우수 대목 육성

   – 틈새시장 겨냥한 소과류 및 종간잡종 품종 육성

   – 재배방식 전환을 통한 복숭아 배수성 개선 및 신품종 생력화 기술

▸ 포도 등 장과류 산업의 지속적 발전과 경쟁력 증진 및 기초 기반 강화

   – 최근 소비트렌드 반영한 무핵 및 적색 포도 육성

   – 가공용 품종 육성 및 6차 산업화 지원 연구

   – 블루베리 품종별 재배 한계지역 및 지역별 적합 품종 분류

▸ 세계 Top 3 수준의 감귤 생산을 위한 연구 체계 확립

   – 최근 소비 증가하는 만감류 육성 및 무병화 체계 확립

   – 부지화 재배생산 기술 개발 및 품질향상을 위한 재식거리 설정

   – 감귤 무병 우량묘 생산 및 볼록총채벌레 예찰 방제 체계 구축

   – 감귤 바이오겔의 산업화 기술 및 기능성 소재 개발

자료 : 창업설계표준모델(한국농수산대학, 2019년)

■ 기술 환경분석(산림분야 사례)

① 고품질 묘목 생산을 위한 시설 양묘기술

▶ 주요 활엽수종 고품질 묘목 생산을 위한 양묘기술 개발

▶ 산림용 시설양묘 및 피나무에 대한 전반적인 시설양묘 기술개발

② 단기임산물 생산 및 가공 기술개발

▶ 단기임산물 생산기술 개발

– 주요 산채·산약초의 유묘생산 기술 및 임간재배 환경개선 방법

– 임산물(밤)의 수확, 저장 전처리, 저장 방법 등 수확 후 관리기술 개발

– 백합나무 성숙목의 녹지를 접수로 사용하여 1~2년생 대목에 할접시켜 묘목
을 생산하는 백합나무의 무성번식 기술개발

– 조경적, 관상적 가치가 향상된 먼나무를 단기간에 생산할 수 있는 먼나무 일
대목 다클론 고접 증식법 기술개발

– 암면을 이용한 황금 꽝꽝나무의 무성번식 방법 개발

▶ 단기임산물 가공기술 개발

– 특수 임산자원을 이용한 화장품 기술개발

– 땅두릅을 이용한 유산균 발효 음료 및 제조방법 개발

– 두릅나무, 음나무 또는 산양삼을 이용한 유산균 발효 음료 및 제조방법 개발

– 산양삼 비누 제조기술 개발

– 수액을 포함하는 숙취 해소 음료 및 제조방법 개발

③ 임업 기계화 기술개발

– 고성능 임업기계를 활용한 저비용, 고효율 작업시스템 개발

– 자주식으로 주행함과 동시에 다양한 임업장비를 적재 탈부착 등이 가능하여
다양한 기능을 동시에 수행하는 산림 바이오매스 복합 작업기 개발

- 관목류 등 식재할 수종의 뿌리 길이에 따라 식생 블록에 담긴 토양의 깊이를 조절할 수 있는 기술개발

자료 : 창업설계표준모델(한국농수산대학, 2019년)

◼ 사회·경제적 환경

◆ 양평군 일반현황

경기도 양평군은 서울 면적의 약 1.5배 정도이고 그 중 산림이 73%를 차지하고 있다. 총 48,220세대 107,547명이 거주 중이며(2015년 8월 기준) 17.9%가 농업에 종사하고 있다.

구분	현황
행정구역	1읍, 11면, 265개리, 793개 반
면적	877.78㎢ (道 1위, 산림 73%) 서울시의 1.45배
인구	107,547명 (남 54,437명, 여 53,110명) 2015년 8월 31일 기준 65세 이상 인구 22,270명 (20.7%), 인구밀도 122명/㎢
세대	48,220세대 (8,443농가, 17.9%)
재정	4,182억 원 (재정자립도 20.2%, 재정자주도 66.4%)
사업체수	6,748개 업체 (24,847명)

자료 : 양평군

◆ 양평군 농업현황

양평군은 '환경농업 21'이라는 슬로건 아래 농업과 환경을 조화시켜 농업의 생산을 지속 가능하게 하는 농업형태를 지향하며 농업 생산의 경제성 확보, 환경보전 및 농산물의 안전성 등을 동시에 추구하고 있다.

이를 실현하기 위해 ① 친환경 농업 미생물을 공급하고, ② BMWBacteria Mineral Water 활성수를 이용한 친환경 농법을 권장하며, ③ 친환경인증센터를 운영하고, ④ 친환경 농업대학을 운영하고 있다.

① 친환경 농업 미생물 공급

양평군이 공급하는 친환경 농업 미생물은 유기질 원료를 이용하여 병원균 억제 미생물과 발효 미생물을 키워 농사에 이용하는 것으로, 농업 미생물을 이용한 저투입 친환경 농업 실천 및 상품성 향상을 통한 친환경농산물과 생산비 절감을 목적으로 양평군 농업기술센터에서 생산하여 공급하고 있다.

② BMW 활성수 공급

BMW는 박테리아$_B$, 미네랄$_M$, 물$_W$의 약자로 자연계에서의 미생물, 광물, 물의 순환 및 생성과정을 자연상태에 가깝게 인공적으로 재현하는 것으로 분뇨 및 생활오폐수 등에 박테리아와 미네랄을 풍부하게 하여 생물에게 유익하도록 제조한 물이다. 양평군 농업기술센터에서 생산하여 공급하고 있다.

③ 친환경농산물인증센터 운영

친환경농산물은 환경을 보전하고 소비자에게 더 안전한 농산물을 공급하기 위해 농약과 화학비료 및 사료 첨가제 등의 영농자재를 전혀 사용하지 않거나, 최소량만을 사용하여 생산한 농산물을 말한다. 친환경농산물 인증제도는 소비자에게 더 안전한 친환경농산물을 전문인증기관이 엄격한 기준으로 선별, 검사하여 그 안전성을 인증해주는 제도이다.

④ 친환경농업대학 운영

양평군 친환경 농업대학은 양평군의 친환경 농업을 이끌어갈 유능한 인재를 발굴, 양성하는 교육프로그램으로, 친환경 농업의 선도자를 육성하는 중추적인 역할을 수행할 목적으로 설립되었다. 양평군에 거주하면서 주소가 양평군으로 되어 있는 군민이 참여할 수 있으며 다양한 교육과정으로 구성되어 있다.

◆ 양평군 주요 농산물 생산 현황

양평군은 총 10개 작물을 주력 농산물로 소개하고 있으며 산채 분야는 단월, 양동, 개군면에서 생산하고 있다. 따라서 산채 육묘에 대한 소비처를 확보하기 쉬운 측면이 있다.

◦ 산채(단월, 양동, 개군)

무농약 재배기술을 개발하여 친환경 농산물 품질인증 획득을 유도함으로써 취나물, 씀바귀, 비름 등 모든 나물이 깨끗하고 신선하며 그 맛이 뛰어나다.

◦ 부추(강하, 양동)

무농약으로 재배한 부추를 신선함을 유지할 수 있도록 유통하여 언제 어디서든 맛있게 먹을 수 있는 부추를 공급한다.

◦ 수박(청운, 단월)

철저한 재배관리와 품질관리를 통하여 전국 최고의 맛을 생산목표로 하여 도매시장등에 품질 좋은 양평 수박을 출하한다.

◦ 고추(양동, 용문)

작목반을 대상으로 연 2~3회에 걸쳐 교육을 실시하며, 병해충 방제지도 및 양분관리를 통해 무농약으로 재배하여 품질인증 획득을 유도한다.

◦ 잡곡(단월, 청운, 양동)

무농약 유기농으로 재배하며, 소비자들의 구매 편의성을 고려하여 유통망을 확충하고 있다.

◦ 물 맑은 양평 한우(개군동 전지역)

수질보존 특별대책 지역인 청정 양평에서 맑은 물과 공기, 정성으로 키우는 물 맑은 양평 한우는 밝은 선홍색의 육질로 맛이 좋다.

◦ 느타리/포고/영지버섯(강하, 양서, 옥천, 서종, 청운, 지평)

남한강 자락에 있는 버섯재배단지에서 무농약, 최첨단 이온정수농법으로 재배하는 버섯은 출하될 때까지 무균처리를 유지한다.

◦ 용문산 산더덕(서종)

더덕은 간과 위를 튼튼하게 해주는 건강식품으로 특히 청정한 양평군의 아름다운 산세와 맑은 물로 재배한 양평군 더덕은 자연산 더덕에 버금가는 향과 맛, 효능을 지니고 있다.

◦ 신선쌈채(양평, 용문)

도시에 인접해 있으면서도 깨끗한 자연환경을 유지하는 양평군에서 무농약 유기농으로 재배하는 양평 쌈그라, 알파쌈추 등 쌈채는 늘 신선함을 유지한다.

시장환경은 해당 품목의 시장규모, 연도별 시장성장 추이, 수출입동향 등에 대한 조사·분석내용이고, 소비동향은 소비 트렌드와 해당 품목의 소비동향 등에 대한 조사 내용이며, 생산판매와 관련된 수급동향은 생산농어가, 생산량, 판매량 등에 대한 내용이고, 유통동향은 해당 품목의 유통현황 및 유통경로 등에 대한 사항을 포함한다.

구분	조사항목
시장동향	시장규모 및 성장 추이, 수출입동향 등
소비동향	소비 트렌드, 해당 품목의 소비동향
생산판매 동향	생산농어가 현황, 생산량, 판매량 등
유통 동향	유통현황, 유통경로 등

사례 : 고사리

가. 수급 동향 분석

⑴ 생산 동향

산나물에는 고사리를 비롯하여 곰취, 더덕 등 다양한 품목이 포함된다. 2016년 산나물 생산액은 4,060억 원이고, 그 중 고사리 생산액이 14.4%를 차지한다.

고사리는 귀농, 귀촌인들에게 고소득 임산물로 인식되어 재배면적이 확대됨에 따라 생산량이 2013년 이후 급격히 증가하였고, 2016년 9,553톤으로 가장 많았다.

하지만 2017년 생산은 2016년 유해성 방송 이후 소비위축에 따른 재배면적 감소와 작황 부진이 맞물려 전년보다 9.4% 감소한 8,656톤 정도였다.

주산지인 경남 지역 등에서 심한 일교차와 가뭄으로 중물 이후 생육상황이 부진하였다. 2016년 기준으로 지역별 고사리 생산량은 경남(35%)이 가장 많고, 전남(26%), 전북(19%) 순이다.

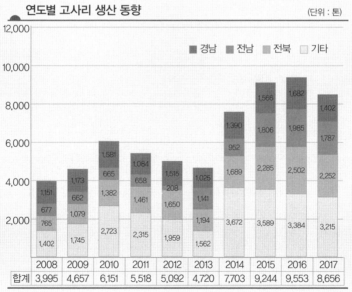

● 연도별 고사리 생산 동향 (단위 : 톤)

	2008	2009	2010	2011	2012	2013	2014	2015	2016	2017
합계	3,995	4,657	6,151	5,518	5,092	4,720	7,703	9,244	9,553	8,656

자료 : 한국농촌경제연구원 (2018 농업전망)

(2) 수출입 동향

산림청 임산물수출입 통계자료에 의하면 마른 고사리 수출은 2006년 65톤으로 가장 많았고, 최근에는 20톤 내외에 머무르고 있다. 2017년 마른 고사리 수출은 전년보다 10% 감소한 18톤 수준이며, 주요 수출국은 호주, 중국, 미국, 캐나다 등 이다.

중국산 마른 고사리 수입은 2010년 이후 국내산 고사리 가격 하락에 따라 계속 감소하여, 2017년 수입량은 전년보다 17% 감소한 1,575톤 수준이다.

(3) 중장기 수급 전망

2018 농업전망 자료(한국농촌경제연구원)에 의하면 2027년 고사리 생산량은 7,510톤 수준으로 전망된다. 국내 고사리 가격이 낮게 형성되어 있고, 눈개승마, 명이나물, 어수리 등 대체 산나물 재배가 증가함에 따라 고사리 생산량은 계속 감소할 것으로 예측하였다.

수입도 낮은 국내 가격의 영향으로 계속 감소하겠지만, 식당 등 고정적 수요처가 있어서 감소 폭은 다소 줄어 2027년이 되면 1,247톤(생고사리 기준 12,470톤) 수준으로 예상하고 수출 역시 생산량 감소로 인하여 2027년에 11톤(생고사리 기준 110톤)에 이를 것으로 전망하고 있다.

나. 소비동향 분석

(1) 연령별 고사리 구입액

신선 및 가공 고사리는 50~60대에서 구입액이 많고 70대 이상에서는 구입액이 감소하는 것으로 나타났는 데 이는 제사를 지내지 않기 때문인 것으로 조사되었다.

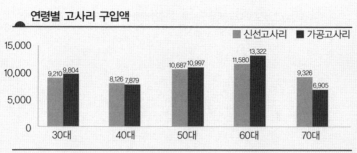

연령별 고사리 구입액

■ 신선고사리 ■ 가공고사리

자료 : 산나물 소비 동향과 전망(2018.05.18.)

(2) 고사리 구입액 추이

가구의 전체 고사리 구입액은 2014년 이후 증가 추세를 나타내고 있는 데 평균 구입가격은 신선 고사리의 경우 10,015원/kg, 가공고사리는 10,350원/100g이며 가구당 평균 고사리 구매횟수는 신선고사리 2.4회, 가공고사리는 1.4회로 조사되었다.

다. 판매가격 및 유통경로

고사리 출하기인 4~6월까지의 가격을 비교하면, 2017년 마른 고사리 가격은 전년 대비 11%, 평년 대비 16% 하락하였다. 전년도 재고 물량 부담과 2016년 하반기부터의 소비 위축이 2017년 초에도 이어졌기 때문이다.

8월 이후 마른 고사리 가격은 회복세를 보여, 2017년 평균 가격은 46,405원/kg으로 2016년에 비해 4.7% 상승하였다. 중물 이후 수확량이 감소하였고, 소비 위축도 중반부터 완화되었기 때문인 것으로 조사되었다.

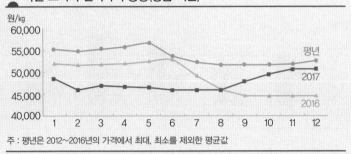

마른 고사리 산지가격 동향(상품 기준)

주 : 평년은 2012~2016년의 가격에서 최대, 최소를 제외한 평균값

자료 : 임산물유통센터

고사리는 농협 출하 비율이 46%로 가장 높고, 직거래(42%), 산지수집상(6%), 도매시장(5%) 등 순이다. 다른 산나물류는 직거래 비중이 높은 반면, 고사리는 농협 출하 비율이 가장 높다. 소비자 는 주로 고사리를 급식 또는 대형업체를 통해 구매하여 소비한다(한국농촌경제연구원 – 2018 농업전망).

사례 : 산채

▣ 시장 환경 분석

가. 시장 동향

국내 산채 시장은 감소추세로 가장 큰 원인은 농가의 노동력 부족이고, 다음으로 재배기술 부족 등으로 산채 재배량이 감소되고 있는 것으로 조사되었다. 수도권의 경우, 가장 높은 감소 이유가 자연재해였고, 다음으로 노동력 부족, 중국산 수입으로 인한 가격하락, 재배기술 부족으로 조사분석되었다.

○○○○년 자연재해를 살펴보니 ○○○○년 ○월 ○○일부터 ○○일까지 최고 600mm가 넘는 호우가 경기 중북부 지역과 강원 영서 지역에 내렸다. 경기도 가평군 하면에 688.5㎜, 양주시 은현면에 676.0㎜, 포천시 광릉에 675.5㎜ 등 연 강수량

의 절반가량이 이틀 만에 내렸다.

자료 : 네이버 뉴스 라이브러리

산채재배 감소이유

구분	전국	수도권
노동력 부족(%)	38.3	18.3
재배기술 부족(%)	17.5	15.9
중국산 수입으로 가격하락(%)	14.6	17.0
자연재해(%)	9.9	22.5
나무 노화(%)	4.8	13.5
종묘공급 부족(%)	3.2	0
기타(%)	9.1	12.8
모름/무응답(%)	2.5	0
계(%)	100	100

자료 : 통계청, 지역별 산채 소득이 감소한 요인(산채재배업) (○○○○년)

나. 시장 전망

산채농가의 소득은 조사자료(통계청, ○○○○년)에 의하면, 전국적으로는 "매년 비슷하다"는 응답이 54.9% 가장 높았으며 26.9%가 감소한다고 하였다. 양평군이 포함된 수도권의 경우 매년 증가한다고 답한 비율이 2.1%에 지나지 않았다

산채 재배 소득 추이

구분	증가한다(%)	비슷하다(%)	감소한다(%)	계(%)
전국	18.1	54.9	26.9	100
수도권	2.1	66.6	31.2	100
강원권	35.7	43.6	20.8	100
충청권	7.6	55.2	37.2	100
전라권	12.3	65.3	22.4	100
경상권	15.7	54.2	30.1	100

자료 : 통계청, 지역별 산채재배 수입변화(산채재배업) (○○○○년)

향후 산채 시장은 1차 생산에 그치지 않고 다양한 형태의 가공 제품개발과 체험, 휴양, 관광프로그램과의 접목을 통해 6차 산업으로서의 기틀이 마련한다면 점진적으로 소득이 증가할 수 있고 시장규모도 확대될 것으로 전망된다.

2. 소비 동향 분석

가. 사회·경제환경 변화에 따른 소비 트랜드

사회·경제환경변화에 따라 식품소비 시장의 트랜드가 변하고 있다. 소비 형태는 고령화, 핵가족화, 여성경제활동 확대, 여가시간 증가, 소비자주권 강화, 식품 안전성에 대한 관심 제고 등 다양한 소비환경 변화가 이루어지고 있다. 이러한 환경변화로 인해 감성소비, 웰빙지향, 편의화, 가치추구와 소비자의 참여형태로 소비 트랜드가 전개되고 있다.

나. 소비 트렌드에 따른 산채류 소비 동향

소비 트렌드에 따른 산채류의 소비동향을 살펴보면, 웰빙지향과 편의화에 주목할 수 있다. 고칼로리 식품에 따른 질병발생의 증가와 건강 장수의 욕구로 건강기능성식품이 선호되고 있으며, 식품 가공기술의 발전으로 다양하고 편의화된 형태로 상품이 개발되고 있다.

3. 생산 판매 동향

가. 생산 동향

① 연도별 산채 재배면적 추이

국내 산채의 재배면적은 해마다 증가하는 추세에 있으며 ○○○○년 기준 현재 11,049ha로 전년도보다 약 11% 증가하였다. 그중 노지재배가 9,671ha, 비가림재배가 740ha, 시설재배가 638ha로 노지재배 위주의 영농을 하고 있는 것으로 조사되었다.

도별 재배면적 분포를 보면 강원(3,125ha), 전남(1,815ha), 경남(1,560ha), 경북(1,123ha), 충남(1,011ha) 순으로 많으며 이들 5개 지역의 점유율이 전체의 약 76%를 차지하고 있다.

산채 재배면적 추이

년도	계		노지		비가림		시설	
	농가수 (호)	면적 (ha)	농가수 (호)	면적 (ha)	농가수 (호)	면적 (ha)	농가수 (호)	면적 (ha)
D+5	34,823	11,049	29,623	9,671	2,656	741	2,544	638
D+4	31,199	9,994	26,587	8,865	2,339	656	2,273	473
D+3	27,361	8,236	22,875	7,278	2,154	430	2,332	528
D+2	32,792	9,177	28,388	8,264	2,053	443	2,351	471
D+1	26,569	6,915	22,579	6,187	1,898	375	2,092	353
D	25,979	7,046	22,302	6,248	1,780	412	1,897	386

자료 : 농촌진흥청, 산채류 재배-농업기술길잡이 60(개정판)

② 산채작목별 재배면적

산채류에 대한 소비자의 관심과 수요가 늘어나면서 소득 대체작물로 산채류를 재배하는 농가가 점차 증가하고 있다. 전국적으로 약 40종에 달하는 품목이 재배되고 있는 데 그중 더덕(2,477ha), 고사리(2,196ha), 취나물(1,412ha), 도라지(1,158ha), 나무두릅(569ha), 달래(526ha), 땅두릅(476ha), 음나무순(307ha), 곤드레(232ha), 고들빼기(225ha) 순으로 10개의 작목이 주종을 이루고 있다.

재배방식별로 보면 약 88%가 노지재배이지만 달래, 취나물이 주종을 이루는 비가림재배도 전체 면적의 약 7%로 전년 대비 13% 증가하였으며 취나물, 참나물, 삼엽채가 주종을 이루는 시설재배는 전체 면적의 약 6%로 전년 대비 35% 증가하였다.

산채작목별 재배면적 현황

구분		계		노지		비가림		시설	
		농가수 (호)	면적 (ha)	농가수 (호)	면적 (ha)	농가수 (호)	면적 (ha)	농가수 (호)	면적 (ha)
	전체	34,823	11,049	29,623	9,671	2,656	740.5	2,544	637.8
1	더덕	3,717	2,477.2	3,715	2,477	1	0.1	1	0.1
2	고사리	5,911	2,195.5	5,830	2,167.4	43	21.8	38	6.3
3	취나물	6,275	1,412.1	3,897	1,007.4	972	156.8	1,406	247.9
4	도라지	5,481	1,157.8	5,471	1,156.4	6	0.3	4	1.1
5	나무두릅	2,238	568.8	2,185	565.9	3	0.9	50	2
6	달래	1,760	525.7	919	188.5	779	331.4	62	5.8
7	땅두릅	1,021	475.8	941	428.8	59	41	21	6
8	음나무	1,035	306.9	1,032	306.6	3	0.3	–	–
9	곤드레	555	232.3	493	216.2	47	14.6	15	1.5
10	고들빼기	784	224.8	761	216.7	23	8.1	–	–
11	쑥	1,024	221.8	1,022	221.4	–	–	2	0.4
12	참나물	395	189.9	81	13.2	60	31.1	254	145.6
13	삼엽채	173	120.8	3	0.8	–	–	170	120

자료 : 농촌진흥청, 산채류 재배–농업기술길잡이 60(개정판)

나. 판매동향

① 지역별 산채 생채 판매량 및 판매액

육묘할 취나물류의 경우, ○○○○년 약 15,201kg 정도가 판매되고 있으며 충청권에서 가장 많은 양이 판매되고 있었다. 강원도의 경우, 판매량 대비 판매액이 다른 지역보다 월등히 높았다.

지역별 산채 생채 판매량 및 판매액 현황

종류	항목	소계	수도권	강원권	충청권	전라권	경상권
취나물	판매량(kg)	15,201	1,541	1,008	5,940	5,116	1,596
	판매액(만 원)	5,466	748	1,083	2,055	1,053	527
더덕	판매량(kg)	9,880	612	4,560	637	1,608	2,463
	판매액(만 원)	7,922	521	3,960	570	1,433	1,438
도라지	판매량(kg)	6,854	452	3,514	460	630	1,798
	판매액(만 원)	4,756	481	2,483	288	485	1,019
두릅	판매량(kg)	2,584	1,560	205	376	231	211
	판매액(만 원)	2,775	1,967	221	265	171	151
고사리	판매량(kg)	790	–	245	55	432	59
	판매액(만 원)	660	–	317	188	107	48
기타	판매량(kg)	33,582	23,967	1,339	666	6,415	1,195
	판매액(만 원)	11,065	6,640	686	2,000	1,285	454

자료 : 통계청, 지역별 산채 생채 판매량 및 판매액(산채재배업)

② 지역별 산채 건체 판매량 및 판매액

더덕과 두릅은 건체로의 판매가 거의 이루어지지 않고 있으나 취나물의 경우 건체로 약 1,800kg 정도 판매가 되고 있다. 호남권에서 가장 많은 건체 산채가 판매되고 있고. 강원권의 건체 산채는 판매량 대비 판매액 비율이 가장 높았다.

지역별 산채 건체 판매량 및 판매액 현황

종류	항목	소계	수도권	강원권	충청권	전라권	경상권
취나물	판매량(kg)	1,828	60	204	277	1,136	151
	판매액(만 원)	1,852	70	504	447	606	226
도라지	판매량(kg)	4,000	300	–	–	488	41
	판매액(만 원)	829	300	–	–	1,155	82
고사리	판매량(kg)	1,537	32	82	530	51	–
	판매액(만 원)	1	131	632	401	287	–
기타	판매량(kg)	694	1,122	–	30,000	300	–
	판매액(만 원)	1,451	785	–	3,000	1,364	–

자료 : 통계청, 지역별 산채 건체 판매량 및 판매액(산채재배업)

③ 지역별 산채 판매량 추이

산채 판매량은 매년 비슷하다고 응답한 비율이 55%이며 매년 증가량과 감소량의 비중은 거의 비슷하다. 수도권의 경우, 감소비중이 증가비중보다 높았지만 강원도는 그 반대로 증가 비율이 높았다.

지역별 산채 판매량 추이

항목	소계	수도권	강원권	충청권	전라권	경상권
매년 증가한다(%)	21	1	37	11	15	19
매년 비슷하다(%)	55	72	45	53	61	55
매년 감소한다(%)	25	27	18	36	23	26
무응답(%)	–	–	–	–	0	0
계(%)	100	100	100	100	100	100

자료 : 통계청, 지역별 산채 판매량 추이(산채재배업)

4. 유통 분석

가. 산채류 유통 현황

지역에서 생산되는 산채류는 수도권 지향적인 출하형태의 경향이 두드러지고 있다. 대부분의 산채류가 수도권으로 출하됨에 따라 향후 소비자의 기호에 부응하고 지역적 비교 우위성이 있는 품목의 개발 및 생산기반 시설의 확충이 요구되며 산채류의 출하는 소비지 시장의 동향에 따라 민감하게 영향을 받으므로 지역별로 특성에 맞는 유통구조의 개선이 추진되고 있다.

산채의 도매가격은 경동시장 위탁상과 가락동시장의 중도매인에 의하여 형성되고 있으며, 이들 상인은 생산자와의 직거래보다는 중간상인과의 거래를 선호하므로 농업인의 도매시장 직접 출하는 상대적으로 적은 편이다.

나. 산채류 유통경로

산채류의 주요 유통경로는 〔생산자–수집상–대도시 도매시장〕, 〔생산자–농협공판장–중도매상–소매상–소비자〕의 경로가 주종을 이루고 있다. 산채류는 전자의 경로를 거쳐 출하되는 비율이 전체의 약 80%를 차지하고 있으며 산지농협에 출하하는 비중은 5%, 대도시 시장에 직접판매 5%, 기타 10%를 차지하고 있다.

산채류 유통경로

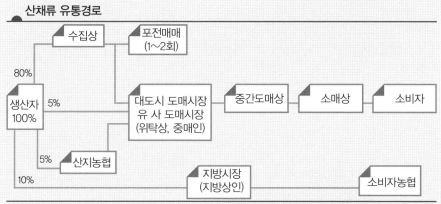

자료 : 농촌진흥청, 산채류 재배—농업기술길잡이60(개정판)

사례 : 화훼

1. 화훼 수급동향

◆ **화훼생산** : 화훼는 1990년대 중후반부터 농업부문 성장동력산업으로 각광받으며 급속도로 성장하였으나, 최근 자재비·인건비 상승으로 인한 **경영비 증가**, **글로벌 경기침체로 인한 소비 위축으로 재배면적 및 생산액이 지속적으로 감소**하고 있음.

    – 2017년 기준, 농가수 7,421호, 재배면적 4,936ha, 생산액 5,658억 원

    ＊ 전체 농가수의 0.7%, 농업생산액의 1.2% 수준

◆ **수출입** : 국내 화훼 수출액은 **2010년 1억 달러 달성 이후 지속적으로 감소**하는 반면 수입은 증가 추세

– 2012년 국내 화훼류의 80% 이상을 일본으로 수출

 * 특히, 백합·장미·국화 등 절화류는 일본 수출이 95% 이상으로 절대적임

– 절대적 수출시장인 일본 수출이 큰 폭으로 감소함에 따라 **중국을 비롯한 미국, 네덜란드 등으로 수출시장을 다변화**하고 있음

– 화훼 수입은 난, 구근 등 종자·종묘를 중심으로 지속적으로 증가하고 있으며, **최근에는 절화류 수입도 증가하는 추세임**

◆ 화훼유통 : 민간시장 주도, 화환은 구매자와 소비자가 각각 상이

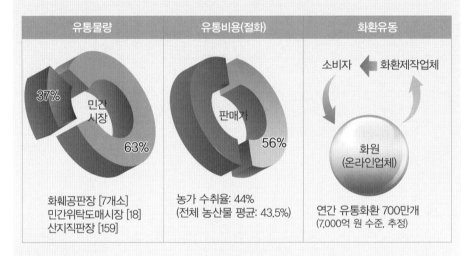

유통물량	유통비용(절화)	화환유동
37% / 민간시장 / 63%	판매가 / 56%	소비자 ← 화환제작업체 / 화원(온라인업체)
화훼공판장 [7개소] 민간위탁도매시장 [18] 산지직판장 [159]	농가 수취율: 44% (전체 농산물 평균: 43.5%)	연간 유통화환 700만개 (7,000억 원 수준, 추정)

◆ 화훼소비 : 경제발전에 따른 **국민소득 증대와 함께 증가하였으나, 최근 다시 감소 추세**

– 가계소득 감소, 실업률 증가 등으로 화훼소비 감소

 • 졸업식, 기념일 등에 꽃 대신 상품권, 전자제품 등으로 대체

 • 실업률 증가, 혼인건수 감소, 신생아 출산 저하 등으로 축하용 소비 감소

 * 혼인건수: ('11)329천 명 → ('12)327 → ('13)323 → ('14)306 → ('15)303 → ('16)282

– **청탁금지법 시행** 후 거래금액 26.9% 감소(화원협회 1.2천개소, 16.9.28–17.9.30)

* 꽃다발·꽃바구니 16.4% ↓, 근조·축하화환 27.2% ↓, 분화류 28.6% ↓

  − 축하화환에 **조화**造花 **사용의 증가로 생화 소비 감소**

* 거베라 재배면적 및 생산액 금감: ('06)81.2ha, 175억 원 → ('17)29.9ha, 68.4억 원

2. 화훼산업 전망

◆ **시장개방 확대** : FTA, 관세인하, 국내보조 축소, 식물검역 완화등의 영향으로 **외국산 화훼류의 수입 확대는 지속될 전망**이나, **수출 기회도 역시 확대**

  − 일본 중심의 절화류 수출에서 중국, 미국, 네덜란드 등으로 수출국을 다변화 함과 동시에 수국, 알스트로메리아 등 수출품목도 다양화 되고 있음

◆ **구조개선 촉진** : 경쟁력 낮은 화훼농가의 탈농 가속으로 **규모화, 전문화된 조직이 생산과 유통 주도**

  − 단위농가당 재배면적 증가 및 재배시설의 현대화·규모화

  * 호당재배면적: ('00)0.45ha → ('17)0.67ha, 철골유리온실: ('16)50ha → ('17)71ha

◆ **소비자 지향** : 생산·유통구조가 소비자 위주로 개편되는 경향

  − 고품질, 안전, 편이 등 가치위주의 상품 수요 증가

  − 홈쇼핑, 인터넷쇼핑 등 온라인 거래 확대

판매가격	소비변화	신유통확대	구매접근성	가성비 추구
한송이·작은 꽃다발, 상품정보 제공, 가격표 부착	개인소비 증가, 인테리어 식물, 개성적 신화환	꽃과 서점, 꽃과 커피·음료, 정기 꽃배달	인터넷 꽃배달, 마트·편의점, 가든센터	품질 대비 가격
⇓	⇓	⇓	⇓	⇓
미니 꽃다발 증가	생활용 소비 증가	이종 업종간 융복합	구매와 이동 편의성	고품질 관상기간

1. 한우 산업 현황

- ◆ 17년 기준 농림업 총생산액 48조 6천억 원 중 축산업 39.7% 차지
  - 돼지 7조 4천억 원, 육계 2조 원, 산란계 2조 3천억 원, 젖소 2조 1천억 원
- ◆ 한우의 총생산액은 양돈, 쌀에 이어 **3번째로 4조 8천억 원임**
  - 청탁금지법 시행에 따른 수요 감소로 전년 比 6.2% 감소
- ◆ 2018년 3분기 기준 한우 사육두수는 **298만 9천두로 전년 동기 0.8%로 증가**
- ◆ **가임 암소 마릿수는 136만 8천두로 증가 추세**
- ◆ **정액 판매량 증가에 따라 송아지 생산량 증가 예상**
  - 송아지 생산량은 증가로 가격하락 가능성이 있으나 **신축 농장 입식 수요 높음**
- ◆ 2018년 3분기 기준 한우 사육농가 수는 **9만 4천호**
  - **20두 미만 소규모 농가 폐업 가속화에도 사육 농가 수 증가세**
  - 한우 가격 강세가 지속되어 **대규모 농가는 한우 사육 의지 높음**

한육우 연령별·축종별 사육 마릿수와 사육 농장수 (단위 : 천 마리, 천 가구, %, 마리)

구분		2017년				2018년			증감율	
		3월	6월	9월	12월	3월	6월	9월	전분기 대비	전년 대비
사육농장수		97	96	96	95	93	93	94	1.1	−1.6
총마릿수		2,734	2,882	2,964	2,871	2,801	2,925	2,989	2.2	0.8
가임암소 마릿수		1,321	1,337	1,399	1,380	1,345	1,368	–	–	–
연령별 마릿수	1세 미만	859	856	911	907	907	859	–	–	–
	1~2세	849	863	868	866	868	879	–	–	–
	2세 이상	1,177	1,315	1,340	1,247	1,173	1,326	–	–	–
농장당 사육마릿수		28.5	30.2	31.3	30.6	31.6	31.6	32.0	1.3	2.2

자료 : 통계청, 축산물품질평가원

◆ 2018년 송아지 산지가격은 수송아지 평균 408만 원이며, 암송아지는 313만 원으로 전년 대비 상승 (전년 比 6.0%, 2.4% 상승)

◆ 송아지 가격은 신규 축사 건설 증가로 단기간 상승세 유지 가능하나, 가임암소의 증가에 따라 향후 하락 전망

◆ 한우 도매가격 상승에 따라 쇠고기 수입량 전년보다 증가

◆ 18년 8월까지의 누적 수입량은 27만 2천 톤으로 전년 동기 대비 20.9% 증가

◆ 한우 도매가격이 지속적으로 상승하면서 소비자는 상대적으로 저렴한 수입육의 수요 증가

2. 한우산업 전망

◆ 한우 가격 당분간 강세 지속하나 비육우 송아지 가격 상승으로 수익 악화 우려

◆ 한우 농가 규모화 대형화 가속화 및 소규모 농가 경쟁력 상실로 폐업 증가

◆ 대형화 및 규모화를 통한 매출규모 및 수익증가 위한 준비 필요

◆ 한우 생산비 지속 상승으로 두당 생산비 절감을 위한 노력 필요
  – 자가노동비가 수익의 상당부분을 차지함으로 노동비 절감이 절실함

◆ 청탁금지법 시행으로 인한 수요 감소에 따라 명절 위주의 출하가 아닌 상시 출하로 변경 필요

◆ 수입육 물량 증가로 인한 한우 소비자의 입맛 변화 우려

◆ 부채를 줄이고 경영 및 농장 확장을 위한 예비비 마련 필요

◆ 최근 한우 농가의 규모화가 진행되어 100두 미만의 전업농은 부모와 자녀 세대가 함께할 경우 가족생활이 어려움 (겸업 또는 영농법인 취업을 고려해야 함)

◆ 100두 이상의 농장 경영 시 필요한 금액은 10억 정도로 기반이 없는 상태에서 대출을 활용한 창업은 힘든 상황임

◆ 시설 투자 및 가축 구입에 과도한 비용이 필요하여 과도한 대출을 활용한 창업은 실패 가능성이 있어 추후 부담으로 작용될 여지가 있음

3. 쇠고기 유통실태

(1) 유통단계 개요

◆ 출하단계

– 생산자가 축산물도매시장 또는 공판장에 직접 출하하는 경매출하, 유통주체에 의한 도축장 출하, 조합 등에 의한 생축 출하로 구분

＊ 생산자와 유통주체 간의 거래는 직접거래, 가축시장 경유, 산지수집상 중개 등으로 구분

◆ 도매단계

– 도축장으로부터 소매상에 이르는 과정으로 축산물도매시장·공판장에서 경매에 의한 반출, 식육포장처리업체의 임도축에 의한 반출, 정육점 등 최종 소매단계로 바로 이동하는 직반출로 구분

◆ 소매단계

– 일반 판매점인 백화점, 대형마트, 슈퍼마켓, 정육점과 외식 부분인 일반 음식점, 단체급식소 등으로 구분

● **쇠고기의 유통흐름**

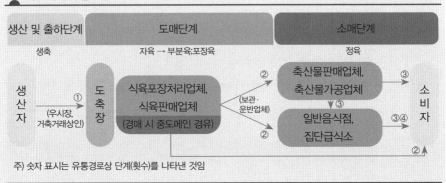

주) 숫자 표시는 유통경로상 단계(횟수)를 나타낸 것임

자료 : 한국농수산식품유통공사

⑵ 유통경로

◆ 출하단계

– 경매출하 : 축산물 공판장, 도매시장에 농가가 직접(개별출하) 또는 조합을 거치는 계통출하 형태로 지육상태에서 거래

– 직매출하 : 가축시장, 문전거래 또는 조합을 통한 계통출하 형태로써 경매 출하와 달리 생체상태에서 거래

◆ 도매단계(비용발생관점)

– 경매출하 : 도축장에서 지육상태 또는 예비발골 후 소매단계로 이동

– 임가공 : 식육포장처리업체에 부분육 가공을 의뢰하여 발골·정형 후 유통

– 식육포장처리 : 식육포장처리업체 주체로 자신이 매입하여 발골·정형 후 유통

◆ 소매단계

– 도축장에서의 직반출 또는 식육포장처리업체를 경유하여 최종소비자를 대상으로 한 판매점, 일반음식점 및 단체급식소 등으로 구분

쇠고기(한우) 유통단계별 경로 및 비율 (단위 : %)

출하단계			도매단계		소매단계	
경매출하		54.2	직반출	17.5	대형마트	17.4
					슈퍼마켓	22.8
직매출하	생체중 정산	22.6	임가공	17.2	정육점	27.4
					백화점	4.4
					일반음식점	18.5
	등급 정산	23.2	식육포장처리	65.3	단체급식소	9.0
					기타	0.5
계		100		100		100

자료: 한국농수산식품유통공사

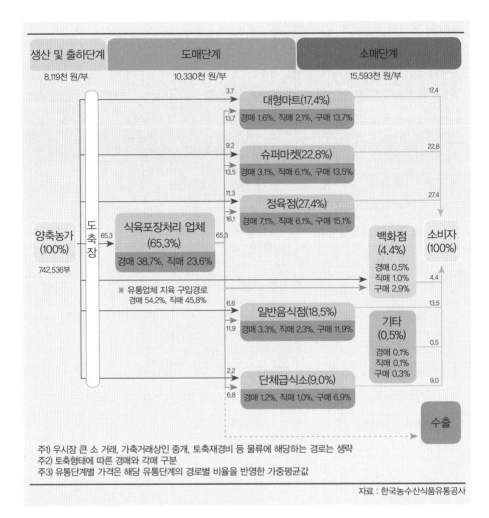

생산 및 출하단계	도매단계	소매단계
8,119천 원/부	10,330천 원/부	15,593천 원/부

대형마트(17.4%)
경매 1.6%, 직매 2.1%, 구매 13.7%
3.7
13.7
17.4

슈퍼마켓(22.8%)
경매 3.1%, 직매 6.1%, 구매 13.5%
9.2
13.5
22.8

정육점(27.4%)
경매 7.1%, 직매 6.1%, 구매 15.1%
11.3
16.1
27.4

양축농가(100%)
742,536부

도축장

65.3

식육포장처리 업체(65.3%)
경매 38.7%, 직매 23.6%

65.3

※ 유통업체 지육 구입경로
경매 54.2%, 직매 45.8%

백화점(4.4%)
경매 0.5%
직매 1.0%
구매 2.9%
4.4

소비자(100%)

일반음식점(18.5%)
경매 3.3%, 직매 2.3%, 구매 11.9%
6.6
11.9
13.5

기타(0.5%)
경매 0.1%
직매 0.1%
구매 0.3%
0.5

단체급식소(9.0%)
경매 1.2%, 직매 1.0%, 구매 6.9%
2.2
6.8
9.0

수출

주1) 우시장 큰 소 거래, 가축거래상인 중개, 토축재경비 등 물류에 해당하는 경로는 생략
주2) 토축형태에 따른 경매와 각매 구분
주3) 유통단계별 가격은 해당 유통단계의 경로별 비율을 반영한 가중평균값

자료 : 한국농수산식품유통공사

    정부정책에 대한 내용은 농·어장 또는 생산품목과 관련된 법적 규제, 지원정책, 국
제관계로 분류할 수 있다. 법적 규제로는 식품 가공 허가, 시설물 설치 규제사항 등이
있고 지원정책으로는 정부 및 지자체의 자금지원과 교육지원 등이 있으며 국제관계
사항으로는 FTA 등 농수산물 무역과 관련된 사항 등이 있다.

구분	조사항목
법적규제	식품 가공 허가, 시설물 설치 규제사항 등
지원정책	정부 및 지자체의 자금지원, 교육지원 등
국제관계	FTA 등 농수산물 무역과 관련된 사항 등

▣ 후계농업경영인 육성 지원사업(농림축산식품부)

◆ 영농후계자 육성을 위해 일정 요건을 갖춘 농업인 및 농업인이 되고자 하는 자에 대한 창업자금 융자지원

- •지원대상 : 만 18세~만 50세 미만
  - 영농에 종사한 경력이 없거나 종사한 지 10년이 지나지 아니한 자
  - 대학의 농업관련학과나 농업계 고등학교 졸업하거나 시군구청장이 인정한 교육 이수자
- •지원규모 : 최대 3억원
- •지원금리 : 2%, 5년 거치 10년 분할상환

▣ 청년농업인 육성정책(농림축산식품부)

◆ 영농초기 소득이 불안정한 청년창업농에게 영농정착 지원금 지급 목적

- •지원대상 : 만 18세~만 40세 미만
  - 독립영농경영 3년 미만인자
  - 농가경영비 및 일반가계자금으로 사용가능
- •지원규모 : 1년차 100만 원/월, 2년차 90만 원/월, 3년차 80만 원/월

▣ 후계축산농 육성사업(농림축산식품부)

◆ 폐업 및 고령화 농가 축사 매입 후 신규 농가 저리 임대

- •지원대상 : 만 50세 미만의 실무경력 7년 이상인 자
  - 후계 축산농 육성대상 축종(한우, 양돈)의 축사 매입비
  - 축사, 축사시설, 축산시설, 방역시설, 경관개선시설 등의 신증축비 또는 매입축사 개보수 및 시설 장비의 교체비

- 지원규모 : 400백만 원(개소)
- 지원금리 : 2%, 5년 거치 10년 분할상환

▣ 축사시설현대화사업(농림축산식품부)

◆ 축사 및 축산시설 개선을 통한 생산성 향상 목적

- 지원대상 : 만 50세 이하의 실무경력 10년 이상인 자
  - 축사, 축사시설, 축산시설, 방역시설, 경관개선시설의 신축과 개보수, 신규 구비 및 교체 지원
- 지원규모 : 중소규모 융자 80%, 자부담 20%(개소)
- 지원금리 : 1%(보조사업 2%), 5년 거치 10년 분할상환

▣ 축산 ICT융복합 시설지원(농림축산식품부)

◆ 낙농, 한우, 양돈, 양계 농가의 ICT 융복합 시설장비 및 정보시스템 설치

- 지원대상 : 축산 경영체 및 농업 경영체 (한우의 경우 최소 30두 이상)
  - 축산 농가의 ICT 융복합 시설장비 및 정보시스템
  - 축사 내외부 모니터링 시스템, 사료자동급이기, 환경제어시스템 등
- 지원규모 : 국고보조 30%, 융자 50%, 자부담 20%
- 지원금리 : 2%, 3년 거치 7년 분할상환

▣ 깨끗한 축산농장 조성 사업(농림축산식품부)

◆ 가축분뇨 적정처리를 통한 환경오염 방지 및 친환경축산 육성

- 지원대상 : 가축분뇨시설을 설치한 축산업자
  - 퇴액비화 시설 및 부대기계 및 장비 지원
- 지원규모 : 국고보조 20%, 도비 6%, 시군 14% 융자 60%
- 지원금리 : 2%, 3년 거치 7년 분할상환

◨ **조사료사일리지 제조비 지원(농림축산식품부)**

◆ 양질의 조사료 생산·이용 확대로 생산비 절감에 따른 경쟁력 제고 및 안정적인 축산경영 기반 구축

  • 지원대상: 농업인, 농업경영체, 생산자단체

  – 조사료 사일리지제조에 필요한 소요자재 등 지원

  • 지원규모: 조사료 생산량 톤당 60천원

◨ **학사농업인 육성사업 (전라남도)**

◆ 미래 첨단 농업을 선도할 젊고 유능한 전문 농업인력 육성

  • 지원대상: 전남도 내 50세 이하 농업인 중 대학 졸업자

  – 농수산계열 2년제 대학 이상 또는 전남 농업마이스터대학 졸업자

  – 비 농수산계열 2년제 대학 이상을 졸업하고 2년 이상 영농에 종사하고 있는 자

  • 지원규모: 2억원 이내 (융자 100%)

  • 지원금리: 1%, 3년 거치 10년 분할상환(시설자금), 2년 거치 3년 분할(운영)

◨ **녹색축산육성기금 지원사업 (전라남도)**

◆ 친환경 축산 육성을 위해 필요한 자금을 저리로 융자하여 친환경 축산 확대를 통한 안전 축산물 생산 및 공급 지원

  • 지원대상: 전남도 내 50세 이하 농업인 중 대학 졸업자

  – 동물복지형 축사시설 신규 설치, 운반장비 등 친환경 축산 역점 시책사업

  – 친환경 축산물 가공유통판매 시설 지원

  – 사육환경 개선제 구입 및 가축 입식비(귀농 5년 이내나 살처분 농장)

  • 지원규모: 시설자금 한우 5억원, 운영자금 2억원(기타 3억원)

  • 지원금리: 1%, 2년 거치 5년 분할상환(시설자금), 2년 거치 일시(운영), 2년 거치 3년 상환(입식)

3. 모델(선도)농·어장 분석 : 벤치마킹Benchmarking

현재(미래) 생산하는 품목과 동일한 품목에서 선도적인 농·어장을 선정해서 상품이나 생산기술, 농·어장 경영방식을 조사하고 분석하여 미래 농·어장의 생산과 관리에 합리적으로 응용하기 위해 실시하는 것으로 선도 농·어장의 장점을 습득한 후 새로운 생산(관리) 방식을 재창조한다는 점에서 단순 모방과는 다르다.

벤치마킹Benchmarking은 어느 특정한 품목에서 우수한(선도적인) 농·어장을 선정하여 상호 간 농·어장의 성과 차이를 비교하고, 이를 극복하기 위해 선도 농·어장의 뛰어난 운영 노하우를 습득하면서 지속적으로 농·어장 경영을 혁신하는 경영기법이다.

분석방법은 선도 농·어장을 선정하고 농·어장과 관련된 정보를 수집한 후 선도 농·어장과의 차이를 확인·분석하여 창업설계에 반영한다.

사례 1

1) **농장 명** : ○○○○ 농장
2) **농장 주** : △△△
3) **농장 위치** : 충남 ○○군 ○○면 ○○로 ○○○○
4) **농장 연혁** : ○○○○년 ○○월 귀농
5) **재배 품목** : 쌀, 고구마
6) **영농 규모** : (임차) 논 20,000㎡, 밭 10,000㎡
   (소유) 밭 6,000㎡, 시설 하우스 3동 – 3,000㎡
7) **주요 생산시설** : 가공식품 제조공장, 판매장, 고구마 저장창고
8) **생산 현황** :
   벼, 고구마, 기타 잡곡(수수), 마늘, 하우스 고추, 모시, 팥, 서리태, 메주콩 등등

9) 판매 현황 :

한산 모시 송편, 쌀, 고구마, 기타 서류 등을 인터넷 홈페이지로 직접 판매

10) 모델농장 선정이유 :

인터넷 판매 및 블로그 운영을 통한 판매방식과 가공방법을 창업계획에 반영하기 위해 선정

사례 2

1) 농장 명 : ○○○ 산채 농장

2) 농장 주 : 대표 △△△

3) 농장 주소 : ○○도 ○○군 ○○○면 ○○○○길 ○○○–○○

4) 농장 연혁 :

○○○○년부터 ○○○산 800m 고도에서 임간재배를 위한 산채 재배지 조성을 시작했다. 처음 5년간은 직장생활을 병행하며 농장을 조성하였고, ○○○○년 ○월에 완전히 귀농하여 총 75,900㎡의 임간재배 산채농장을 5년째 경영하고 있다. 최근에는 체험농장 프로그램을 진행하여 취약한 접근성에도 불구하고 입소문과 산나물 애호가들의 소개로 산나물 채취의 적기인 4~6월에는 450~500명 정도가 방문한다고 한다.

5) 재배 품목 :

산마늘, 곰취, 곤드레, 눈개승마, 누리대, 어수리, 취나물, 미역취, 잔대, 아로니아 등 10여 작물 이상을 친환경으로 재배하고 있다.

6) 농장규모 : ○○○산 800m 고지에 총 75,900㎡ 규모의 임간재배를 하고 있다.

7) 주요 생산시설 :

○○○ 산채는 산채생산용 임야와 포장 및 가공 컨테이너 1동을 보유하고 있다. 또한, 원활한 관수를 위한 관수 시설을 보유하고 있으며 최근에는 모노레일을 설치,

체험 프로그램 참여자의 편의를 제공하고 있다.

8) 생산 현황 :

산마늘, 곰취, 어수리, 병풍취 등의 생채와 눈개승마 취나물 등의 건체를 생산하고 있다. 또한, 산채종자를 채종하여 판매하고 있으며 체험프로그램을 통해 연간 500여 명의 체험인원이 방문한다.

9) 판매 현황 :

주로 전화주문과 인터넷 주문이 주를 이루고 있으며, 체험 방문객을 대상으로 한 직거래도 증가 추세에 있다.

10) 모델농장 선정이유 :

산채연구분소에서 장기현장실습을 할 당시 산채농장을 견학할 기회가 있었다. 그때 견학한 ○○○ 산채농장은 농장을 조성 중에 있었지만, 숲 사이사이에서 본 산채들과 체험을 염두에 둔 농장 구성에 이론적으로만 공부했던 임간재배의 정석이었다. 농장 구석에 설치한 퇴비장 또한 친환경을 지향하는 마음과 농업에 대한 지식을 가늠해볼 수 있었다.

향후 농장을 조성할 경우에 임간재배와 휴양 체험 농장을 지향하기 때문에 가장 적합한 모델농장이라고 생각하여 선정하게 되었다.

앞으로 계속해서 ○○○ 산채 농장과 관계를 맺고 방문하여 ○○○ 산채가 겪었던 어려움과 그것을 극복했던 이야기, ○○○ 산채농장의 미래 영농계획을 배우고자 한다.

4. SWOT 분석

▣ 왜 SWOT 분석이 필요한 것일까?

– "지피지기 백전불패知彼知己 百戰不殆(적을 알고 나를 알면 백번 싸워도 위태롭지 않다)"라고 경쟁에서 승리하기 위해서는 농·어장의 장점을 더욱 확고히 하고 기회를 포착하여 활용하며 농·어장의 약점을 상대가 이용하기 전에 미리 보완하여 위협상황에 대응할 수 있는 농·어장 전략을 수립하기 위함이다.

SWOT 분석은 미국의 경영컨설턴트인 알버트 험프리Albert Humphrey에 의해 고안된 분석방법으로 기업의 내부 역량과 외부 환경을 분석하여 강점strength, 약점weakness, 기회opportunity, 위협threat 요인을 규정하고 이를 토대로 기업의 경영전략을 수립하는 기법을 말한다.

농·어장의 경우 SWOT 분석을 하는 목적은 농·어장을 둘러싼 외부 환경분석을 통해 기회와 위협요인을 파악하고 농·어장의 내부 역량분석을 통해 강점과 약점을 파악하여 농·어장의 강점은 강화하고 약점을 극복하는 전략을 수립하고 농·어장의 전체적인 상황을 평가하기 위함이다.

SWOT 분석은 농·어장의 내부요인인 SWStrength & Weakness(강점 및 약점)와 외부요인인 OTOpportunity & Threat(기회 및 위협)에 대한 구성요소를 파악하고 각각의 구성요소들이 가진 영향력을 평가하는 과정으로 이루어진다.

SWOT 구성요소의 선택과 평가는 근거가 불충분한 정보나 추측에 의한 주관적인 평가가 아니라 객관적인 방식으로 이루어져야 한다.

농·어장의 강점과 약점의 영역과 항목

영역		강점	약점
생산능력	인적 자원	가족 및 고용노동력 활용 용이 영농·영어경험 풍부	활용 가능한 노동력 부족 해당 품목 영농·영어경험 부족
	생산성	단위당 생산량 평균보다 높음 품질수준이 평균 이상	단위당 생산량 평균 이하 품질수준이 평균 이하
	영농·영어 시설	첨단시설 및 전문장비 보유	노후화된 시설 및 장비
재무능력	재무 구조	풍부한 현금 보유	과다한 채무
	수익성	안정적인 매출 및 판매처 확보	경영비가 과다하게 발생
	지적 재산권	특허권 및 상표권 다수 보유	지적재산권 없음

농·어장의 기회 및 위협요인을 탐색하기 위한 영역과 항목

영역		기회 요인	위협 요인
영농·영어 환경	기후	수익성 있는 열대작목 재배 가능	기존 작목의 재배가 불가능
	농지	타 작목으로 전환	토양 비옥도 저하
	교통	접근성 양호	입지조건 열악
시장 환경	시장동향	급속히 성장하는 시장 (수요와 가격이 상승)	성숙단계(포화상태) 시장 (수요 감소 및 가격이 하락)
	수급동향	농어가별 기술적 차별화가 큼	생산농어가가 너무 많음
정부 정책	법적 규제	법적인 규제가 심하지 않음	규제강화로 추가적 비용 발생
	농수산 정책	해당 품목 지원정책 확대	해당 품목 지원정책 축소
	국제 관계	품질경쟁력 제고로 수출 가능성 높음	FTA 체결로 가격 경쟁력 저하 예상

농·어장의 내부역량과 외부환경에 대한 SWOT 분석과 평가가 이루어지면 이를 바탕으로 농·어장의 경영전략 수립을 위한 전략적 과제를 도출할 수 있다.

	강점	약점
	(5~10가지의 강점을 중요도에 따라 선택)	(5~10가지의 약점을 중요도에 따라 선택)
기회	SO 전략	WO 전략
(5~10가지의 외부 기회 요인을 중요도에 따라 선택)	기회를 포착하기 위해 농·어장의 강점을 활용할 전략적 과제 선정	약점을 보완하며 기회를 활용할 전략적 과제 선정
위협	ST 전략	WT 전략
(5~10가지의 외부 위협 요인을 중요도에 따라 선택)	위협요인을 제거하여 강점을 활용할 수 있는 전략적 과제 선정	약점을 보완하면서 위협요인을 제거할 수 있는 전략적 과제 선정

사례 1

사이산채 농원의 강점은 10개월 동안의 산채연구분소 실습과 2년간의 전문교육을 통해 고품질 육묘에 관한 전반적인 기술을 보유하게 되었고, 컴퓨터 활용능력이 우수하여 육묘 관리 기술의 메뉴얼화가 가능하며 컴퓨터 프로그램을 통한 생산 모종 관리가 가능하다는 점이다. 이러한 강점을 적극적으로 활용하여 육묘 모종에 적용하고 향후 조직화할 산채작목반 회원들과 공유함으로써 경쟁력 있는 작목반으로 육성할 수 있다. 또한, 산채연구분소를 통해 우수한 품종의 종자를 확보할 수 있다는 것도 강점이 될 수 있다. 우수한 종자로 육묘하여 튼튼하고 질 좋은 모종을 생산함으로써 소비자의 만족도를 높일 수 있을 것이다.

그러나 창업농으로서 영농기반이 미흡하고 활용할 수 있는 노동력이 부족하다는 점은 약점이다. 또한, 산채를 생산하여 판매할 판매처가 확보되지 않은 것은 약점으로 작용한다. 이러한 약점을 극복하기 위해 산채연구분소를 적극적으로 활용하는 방안이 있다. 산채연구분소를 통해 산채육묘 묘종을 구입하려는 농가를 적극적으로 소개받아 취약한 판매능력을 보완할 예정이다. 그리고 영농예정지 인근의 농가와 긍정적인 관계를 유지함으로써 파종에 필요한 인력을 적정한 시기에 조달하여 부족한 인력을 보완할 것이다.

사이산채 농원의 기회 요인은 건강 기능성 식품시장의 급속한 성장에 따라 산채 재배농가가 증가하고 있다는 점이다. 또한, 도시에서 취미로 농업을 하는 사람들이 증가함에 따라 모종의 수요도 증가하고 있다는 점이다. 이러한 두 가지 기회 요인이 약점을 보완할 수 있으며, 강점과 결합하여 시너지효과를 낼 수 있을 것이다.

농산물 수입 개방과 영농자재비 상승은 사이산채 농원 뿐만 아니라 농업 전반의 위협 요인으로서 차별화된 농산물 생산기술과 경영비에서 낭비되는 요소를 최소화하여 대비하고자 한다.

● SWOT 분석

강점Strength	약점Weakness
• 고품질 육묘기술 보유 • 육묘 관리기술의 메뉴얼 및 프로그램화 • 우수한 품종 확보	• 영농기반 미흡 • 판매처 미비 • 영농인력 부족
기회Opportunity	위협Threat
• 건강 기능성 식품시장 급속히 성장 • 참여 취미농 소비시장 확대 • 정부의 적극적인 6차산업 정책 추진	• 농산물 수입시장 개방 • 영농자재비 상승 • 토지 임차료 상승

HMR 시장의 SWOT분석

외부환경 　　　 내부환경	강점(S)	약점(W)
	•규모화 진전 및 고용창출 •높은 부가가치율/영업이익률 •높은 국내산 원재료 사용률 •위생/안전성, 맛 집중관리	•낮은 포장 및 가공·저장기술 수준 •적은 출하처 •낮은 브랜드 인지도 •연구개발 역량 미흡
기회 (O) •식생활 외부화 가속 •간편 식문화 경향 •해외 수출 기회 •성장하는 산업 •국내산 원재료 제품 선호	역량확대(SO) ▸국내산 원재료 사용률 제고 ▸적극적인 해외시장 개척 ▸맞춤형 제품개발	기획포착(WO) ▸안정적 원재료 확보 ▸경쟁력 강화 지원 ▸적극적인 해외시장 개척
위협 (T) •시장경쟁 격화 •유통업체의 불공정 관행 및 거래 •원료수급 어려움 •전문인력 수급 어려움 •R&D 투자비 증가	선택집중(ST) ▸창업농 연구개발 강화 ▸유통채널의 다양화 ▸품질경쟁력 제고 지원 ▸위생 및 안전성 관리 강화	약점극복(WT) ▸개인맞춤형 유통채널 조성 ▸창업농 R&D 강화 ▸졸업생 공동 브랜드 개발 ▸전문인력 육성

PART IV

농·어장 비전 및 영농·영어 목표

▣ 비전은 인생의 큰 그림이다. 큰 그림을 가지고 있는 사람은 성공한다. 왜냐하면, 자기가 가야 하는 방향을 정확하게 알고 있기 때문이다. 또한 무엇을 해야 하는지도 알 수 있다. 그러므로 그것을 이룰 수 있는 구체적인 방법도 쉽게 도출할 수 있다. 농·어장 경영에서 농·어장 CEO는 영농·영어을 통해 미래에 달성하고자 하는 포부(비전)를 선언하고 이러한 농·어장 비전을 달성하기 위해 하위개념의 수단인 영농·영어목표를 설정해야 한다.

1. 농·어장 비전

흔히 비전이라 하면 사람들은 꿈을 떠올린다. 그러나 분명 꿈과 비전은 다르다. 꿈은 단편적이고 선언적이지만 비전에는 이루고자 하는 구체적인 모습과 그 이유가 담겨있어야 한다. 비전은 구체적이고 가치 내포적이다.

농.어장의 비전은 농·어장이 지향하는 미래의 바람직한 모습TO-BE과 그것을 이루고자 하는 이유(의미)를 설명한 문장이다.

비전의 구성요소로는 첫째, 미래관점으로 농·어장이 나아가야 할 방향을 명확히 제시할 수 있어야 한다. 둘째, 농·어장의 포부로 막연한 꿈이나 희망이 아니라 도전적이면서 실현 가능성 있는 농·어장의 최종 목표가 제시되어야 한다. 셋째, 농·어장의 역량과 강점을 발휘하여 이룰 수 있어야 한다. 마지막으로 롤(Role)모델로 선도적이고 모범적으로 농·어장을 경영하면서 타인에게 귀감이 되는 농·어장의 모습이 될 수 있어야 한다.

사례 1

- "전 세계에서 가장 영향력 있는 창조적 기업가가 되어,
  (미래 모습)

  세상의 모든 꿈 꾸는 젊은이들에게 비전과 열정을 선물한다."
  (미래 모습을 이루고자 하는 이유)

- "2020년 국내 친환경 나물 식재료 1위 농업회사 법인을 이룩하여 국민의 건강과

  행복에 이바지한다."

사례 2

1. 사이산채 농원 비전

사람과 산채가 함께 어우러진 쉼休이 있는 삶 만들기

사이산채 농원은 육묘장과 임간재배농장, 휴양체험농장으로 운영목표를 단계적으로 추진하면서 지역 발전과 도시민의 긍정적인 정서 함양에 이바지하고자 한다.

2. 연차별 영농목표

2016년 고품질 산채 모종 생산을 위한 육묘시설 확충

2023년 임간재배를 통한 산채 생산 및 가공

2026년 휴양체험농장 건립

2. 영농·영어 목표

영농·영어 목표는 농·어장의 비전을 달성하기 위한 징검다리라고 볼 수 있는 데 영농·영어를 통하여 이루고자 하는 농·어장 비전을 위해서 장기 및 중기 목표와 함께 단기적인 목표의 설정이 필요하다.

영농·영어 목표는 매출액, 소득, 순이익 등 재무적인 지표들이 될 수 있는 데 이외에 **생산성 및 품질수준 등의 지표도 포함**된다.

영농·영어 목표를 설정할 경우에는 5가지 기준을 적용하여 설정하는 것이 효과적이다. 영농·영어 목표는 ① 명확하고Specific, ② 측정 가능하고Measurable, ③ 도전적이고Ambitious, ④ 현실적이고Reachable, ⑤ 달성 목표에 대한 시기가 명확하게 설정Time-bound되어 있어야 한다.

영농·영어 목표 설정기준(SMART)

Specific	구체적인 활동과 세부 내용
Measurable	목표 달성 여부를 측정할 방법
Ambitious	도전적인 목표
Reachable	현실적인 목표
Time-bound	명확한 기한이 설정된 목표

사례

▣ 사이산채 농원의 영농목표

구분			D년	D+5년
가정	본인	연령	34세	39세
		역할	농업준비인	농업경영인
	가족의 구성		본인, 배우자	
	생활 목표		철학을 가진 농부가 되자!	

구분			D년	D+5년
농장		주력 작목	산채	산채
		생산방식/경영유형	육묘	육묘/생산
	경영규모	생산규모(㎡)	육묘시설 : 1,000㎡	육묘시설 : 1,000㎡ 임차 : 4,000㎡
		연간 매출액(천 원)	15,000	100,000
		연간 순이익(천 원)	1,500	40,000
		주요 생산시설	육묘온실, 노지, 건물	육묘온실, 노지, 건물

중장기 매출액 및 순이익 (단위 : 천 원)

구분	D	D+1	D+2	D+3	D+4	비고
매출액	15,000	30,000	50,000	80,000	100,000	
순이익	1,500	6,000	15,000	28,000	40,000	
순이익율	10%	20%	30%	35%	40%	

◼ **영농 전략**

중장기 매출액 및 순이익 목표를 달성하기 위하여 관수시설이 포함된 육묘시설을 설치할 것이다. 먼저 D년에 1,000㎡에 육묘시설을 설치하고 D+1년부터 매년 1,000 ㎡씩 임차면적을 확보하여 육묘생산량을 확대할 것이다. 또한 임차면적 중 일부는 채종포로 활용하여 영농자재비의 약 26%(D+4년 기준)를 차지하는 육묘비의 비중을 줄여 목표 순이익률을 달성하도록 한다.

또한 미판매 재고 모종은 채종포의 종묘나 임간 재배지의 종묘로 활용하여 비용을 최소화하고자 한다.

PART V

영농·영어 계획

■ 중장기 영농·영어 목표를 달성하기 위해서는 세부적이고 구체적인 계획들이 필요하다. 대표적인 영농·영어 세부계획은 ① 투자 및 원리금 상환계획, ② 마케팅계획, ③ 생산계획, ④ 재무계획을 들 수 있다.

1. 투자계획

투자계획은 중장기 영농·영어 목표 실현을 위해 필요한 영농·영어 기반(농지, 시설, 농기계 등)을 어떻게 준비할 것인가를 정하는 계획을 말한다. 투자와 비용의 차이점은 **미래에 가치를 창출하느냐 못하느냐의 차이**로 볼 수 있다. 예를 들면 자동차를 구매할 경우 택시기사의 경우는 자신이 직접 운전을 하여 미래의 가치를 창출할 수 있기에 투자가 되고 일반인들이 차를 구매하는 경우는 미래에 가치를 창출할 수 없기에 비용이 된다고 볼 수 있다.

세스클라만Seth Klarman은 "**Margin of Safety**"에서 투자는 자본 이득을 목적으로 자산 자체가 수익을 창출할 수 있는 능력을 갖춘 자산을 구매하는 것이고 투기는 시세차익을 목적으로 매입가보다 비싼 가격에 매도하기 위해 자산을 구매하는 것으로 다시 말해 투자를 목적으로 구매한 자산은 매도 시점의 매수 희망자 유무와 관계없이 일정 가치의 유지가 가능하지만, 투기를 목적으로 구매한 자산의 경우에는 매수자의 유무와 사회적 기호나 유행에 따라 가치의 변동이 매우 크다는 것이다. 예를 들면 매출을 통해 수익을 창출하는 농장의 농기계나 월세 또는 전세로 임대를 통해 수익을 창출하는 부동산의 구매는 투자로 볼 수 있으나 자체로 수익을 창출하지 못하고 시세 차익을 목적으로 한 미술품이나 와인, 임야의 구매는 투기로 간주해야 한다는 것이다.

딕슨 왓츠Dickson G. Watts는 "Speculation as Fine art"에서 투기는 확률적이고 논리적인 계산과 판단에 근거한 도전이고 도박은 확률적·논리적 계산에 근거하지 않은 도전이라고 구분하였다. 투자는 플러스 섬plus sum 게임, 투기는 제로섬zero sum게임, 도박은 마이너스 섬minus sum 게임에 가깝다는 점을 짐작할 수 있다.

투자계획을 수립할 때의 고려사항으로는 첫째, 재정여건으로 부채 조달 능력까지 포함하여 투자하는 데에 필요한 돈이 있는가이다. 둘째, 투자 수익성으로 투자 후 농·어장 수익성이 개선될 것인가이다. 셋째, 현금흐름으로 투자 후 농·어장 운영을 위한 최소한의 현금흐름이 보장되는가이다.

투자금액을 산출하는 방법은 연도별 소득 목표를 설정하고 소득목표를 달성하는 데 필요한 영농·영어 기반(농지, 영농시설, 농기계 등)에 대한 소요금액을 산출한 후 소요금액을 어떠한 방법으로 조달할 것인가를 검토한다.

- 경기도 ○○ 지역에서 시설 가지 작목으로 연간 1억 원의 소득을 달성하고자 계획하고 있는데 이를 위해서 얼마의 투자금액이 필요한가?

① 농지 구입		■ 농지면적 : 27,000㎡ 　- 소득목표액/10a당 경기지역 소득금액 * 1,000 　　100,000천 원/38,000천 원 × 1,000㎡ ≒ 27,000㎡ 　- 10a당 경기지역 소득금액 출처 : "○○○○년 지역별 농산물 　　소득자료 (농촌진흥청)" ■ 농지매입금액 : 270,000천 원 　- 27,000㎡ × 10,000원/㎡ = 270,000천 원 　- 10,000원/㎡ 근거 : 공시지가 기준
② 시설 투자	비닐 하우스	■ 비닐하우스 : 270,000천 원 　- 27,000㎡ × 10,000원/㎡ = 270,000천 원 　- 10,000원/㎡ : 표준설계도(농촌진흥청) 기준
	내부 시설	■ 내부시설(난방, 환기, 관수 등) : 27,000천 원 　- 27,000㎡ × 1,000원/㎡ = 27,000천 원 　- 1,000원/㎡ : 표준설계도(농촌진흥청) 기준
③ 관리기(농기계)		■ 관리기 1대 : 2,000천 원 　- ○○○○년 농업과학 경제성분석 기준자료집(농진청)
합계(① + ② + ③)		569,000천 원

투자금액을 조달하는 방법으로는 투자 대상별로 각각의 소요금액에 대한 조달방법(자금 원천)을 조사하여 검토하되, 자금조달은 크게 자부담, 보조금, 융자금으로 구분하여 작성한다.

연도별	투자 대상		투자 금액(만 원) 및 조달 방법				비고
	투자항목	규격	계	자부담	보조	융자	
○○○○ 년	비닐 하우스 3동	이중 280㎡*3	34,122		13,649	20,473	
	관리동 1동	140㎡*1	3,477			3,477	
	저온 저장고	9.9㎡	5,390			5,390	
	냉난방 시스템	gg system	15,000			15,000	
	냉장탑차	1톤 봉고3	12,000	12,000			중고
	관정	100m	4,000	4,000			
	계		73,989	16,000	13,649	44,340	

사례 : 수도작(쌀) 및 전작(고구마)

▣ 수도작(쌀)

◆ **소득목표액** : 1억1714만원

◆ **영농기반** : 10ha(3만평−소유 5ha, 임차 5ha)

◆ **총 투자액** : 2억3182만원

   − 시설투자: 2200만원(5년차)

   − 농기계 투자: 8750만원

   − 농자재, 임차, 경비 및 기타 투자: 8032만원

   * 영농기반 및 자금조달: 농지은행, 농업인후계자자금, 농신보 등

▣ 전작(고구마)

◆ **영농목표** : 조수입 200백만원, 소득 110백만원

◆ **경영규모** : 7ha(자가 5ha, 임차 2ha)

◆ **농기계·시설 투자** : 233.5백만 원(농기계 129.5백만 원, 시설104백만 원)

◆ **주요시설·농기계 투자규모**

(단위 : 대, %, 천 원)

기 종	규격	가격(천원)	자가부담율	비고
트랙터	85ps	38,350	70%	
	125ps	82,400	70%	
방제기	AS−60A	1,800	70%	
관리기	4.8kw	2,450	100%	
수확기	4조	4,500	〃	
세척장비(세트)	−	(150,000)	〃	위탁
박스포장기	−	20,000	〃	
지게차	2.0ton	(24,500)	〃	렌탈
트럭	5ton	(45,000)	〃	〃
저장고(저온저장고)	2동(100평)	63,000	〃	큐어링시설
비닐하우스(종순육묘)	6동(600평)	21,000	〃	
투자액(천 원)		233,500		

* 시설·농기계 자가부담율 100%미만은 공동이용 부담면적을 적용

** 농업과학 경제성분석 기준자료집 참조

자료 : 창업설계표준모델(한국농수산대학, 2019년)

사례 : 산마늘임간재배

▣ 산마늘 임간재배 *CDR 2형 : 산채 및 약용식물 생산형

◆ **규모** : 임간재배지 10,000㎡(1ha, 3,300평)

◆ **시설** : 저온저장고 10㎡ 등(3평), 1톤 트럭

◆ **생산량** :

– 산마늘 (kg당 20,000원)×수확량(1년차 1000kg/ha ⇒ 1500kg/ha ⇒ 2000kg/ha)

– 종묘 1주당 150원×수확량(3년차 5000주 ⇒ 10,000주 ⇒ 10,000주)

◆ **소요예산** :

– 영농자재비

·종묘 : 산마늘 3년생(150원/주×100,000주/ha) = 15,000천원

·유기질비료 : 4,000천원(4000kg/ha, 1000원/10kg)

– 농기계·시설

·1톤 트럭 : 15,000천원, 저온저장고 : 10㎡ 당 7,000천원 (시세가)

◆ **자금조달** : 임업후계자 기반조성 자금

– 상환조건 : 융자 2억, 5년 거치, 이자율 2%, 10년 균등분할 상환

자료 : 창업설계표준모델(한국농수산대학, 2019년)

사례 : 표고버섯

▣ 배지 자가생산형

◆ **규모** : 입봉량 100,000개, 39톤(30% 회수률), 312,000천 원/연간

◆ **시설** : 배지제조시설 140㎡(40평×1동), 배양시설 400㎡(60평×2동),

생육시설 80㎡(60평×4동), 창고, 야적장, 작업장

◆ **적용 버섯** : 표고버섯, 목이버섯 등

◆ **소요 예산** : 약 16억원

– 자동화 시설 신축 : 10억원

– 배지 제조시설 : 2억원

– 배양실 및 발생실 설비 : 2.7억원

– 전기공사 및 기타 : 1.3억 원

◆ **경영 분석**

– 년간 생산량 : 39톤

– 조수입 : 312,000천 원(8,000원/kg)

– 경영비 : 150,000천 원(1,500원/개)

배지재료비 50,000천 원(500원/개), 광열전력비 등 20,000천 원(200원/개), 인건비 및 노무비 60,000천 원(600원/개), 포장자재, 수수료 등 20,000천 원(200원/개)

– 년간 순이익 : 162,000천 원

– 투지회수 기간 : 10년

▣ **배지 구입생산형**

◆ **규모** : 재배 수량 40,000개, 15톤(30% 회수률), 124,800천 원/연간

◆ **시설** : 생육시설 80㎡(60평×2동), 창고, 작업장

◆ **적용버섯** : 표고버섯, 목이버섯 등

◆ **소요예산** : 약 140,000천 원

– 재배실 설비 : 100,000천 원

– 배지구입비 : 40,000천 원

◆ **경영분석** :

– 년간 생산량 : 15톤

– 조수입 : 124,800천 원/년

– 경영비 : 76,000천 원(1,900원/개)

배지구입비 40,000천 원(1,000원/개), 광열전력비 등 4,000천 원(100원/개),

인건비 및 노무비 24,000천 원(600원/개), 포장자재, 수수료 등 8,000천 원(200원/개)

- 년간 순이익 : 48,800천 원

- 투자회수 기간 : 2년

◆ **예산확보** : 중앙·지자체 지원사업 활용 방안

- 산림소득증대사업(임산물생산단지규모화, 임산물생산유통기반사업)

* 지원규모: 공모사업 2~10억 이내, 소액사업 1억원 이내

* 지원조건: 국고 40~20%, 지방비 40~20%, 융자 0~20, 자부담 40~20%

▣ **원목재배형**

◆ **규모** : 년간 접종원목 수 10,000개

◆ **시설** : 버섯재배사 1,188㎡(90평×4동), 창고, 작업장 포함

◆ **적용버섯** : 표고버섯, 영지버섯

◆ **소요예산** : 총 340,000천 원

- 재배실 신축 : 100,000천 원

- 원목 및 종균 구입비 : 80,000천 원×4년=240,000천 원

◆ **경영분석** :

- 년간 생산량 : 120톤(4년차)

- 조수입 : 960,000천 원/4년차

- 경영비 : 340,000천 원(8,500원/개)

원목 및 종균 구입비 320,000천 원(8,000원/개), 인건비 및 노무비 12,000천원(300원/개), 포장자재, 수수료 등 8,000천 원(200원/개)

- 년간 순이익 : 155,000천 원/년(620,000천 원/4년)

- 투지회수 기간 : 2.5년

◆ **예산확보** : 중앙·지자체 지원사업 활용 방안

– 산림소득증대사업(임산물생산단지규모화, 임산물생산유통기반사업)

＊ 지원규모: 공모사업 원목 구입비(종균 포함) 30%(4,852원/개) 이내

＊ 지원조건: 국고 40∼20%, 지방비 40∼20%, 융자 0∼20, 자부담 40∼20%

자료 : 창업설계표준모델(한국농수산대학, 2019년)

사례 : 화훼

▣ 절화 장미 및 국화

◆ 단위면적(10a)당 소득금액

- 절화장미 : 30,172천 원/년

- 절화국화 : 16,818천 원/년(연 3기작시 : 50,454천 원)

◆ 소요예산 :

- 절화장미 : 47,120천 원/10a

·현대화 비닐하우스 : 25,120천 원/10a

·온풍기 : 6,000천 원, 양액시설 : 10,000천 원, 베드시설 : 6,000천 원

- 절화국화 : 31,120천 원/10a

·현대화 비닐하우스 : 25,120천 원/10a

·온풍기 : 6,000천원

- 기타시설 : 저온저장고(17㎡) 5,000천 원

＊ 토지 : 임차의 경우를 전제

▣ 분화 : 호접란 및 다육식물

◆ 단위면적(10a)당 소득금액

- 호접란 : 32,400천 원/년

– 절화국화 : 15,000천 원/년(연 2기작시 : 30,000천 원)

◆ 소요예산 :

– 호접란 : 47,120천 원/10a

·현대화 비닐하우스 : 25,120천 원/10a

·온풍기 : 6,000천 원, 양액시설 : 10,000천 원, 베드시설 : 6,000천 원

– 다육식물 : 47,120천 원/10a

·현대화 비닐하우스 : 25,120천 원/10a

·온풍기 : 6,000천원, 양액시설 : 10,000천 원, 베드시설 : 6,000천 원

– 기타시설 : 저온저장고(17㎡) 8,000천 원

* 토지 : 임차의 경우를 전제

자료 : 창업설계표준모델(한국농수산대학, 2019년)

사례 : 왕벚나무

▣ **왕벚나무 성목 생산**   * CDR: 조경수 성목 생산형

◆ **시설규모** : 노지 10,000㎡ (1ha, 3,300평)

◆ **생산량** : 생산량은 10,000주이며, 판매량은 90%: 10,000주×90% = 9,000주

– D년 : 왕벚나무 4,500주 판매 (3년생 1주= 20,000원)

– D+1년 : 왕벚나무 4,500주 판매 (4년생 1주= 40,000원)

– D+2년 : 왕벚나무 4,500주 판매 (3년생 1주= 20,000원)

◆ 소요예산 :

– 영농자재비

·묘목 : 왕벚나무 1년생 = 3,000원/주

·식재간격 1m×1m = 1주/㎡, ∴1ha=10,000주 = 3,000만 원

◆ **자금조달** : 임업후계자 기반조성 자금

– 상환조건 : 융자 2억, 5년 거치, 이자율 2%, 10년 균등분할 상환

자료 : 창업설계표준모델(한국농수산대학, 2019년)

사례 : 한우

▣ **한우 창업(일괄사육)**

◆ **사육규모** : 한우 거세 비육우 50두 출하 (연간 순수익 8,000만 원)

◆ **전체사육면적**: 1,105㎡ (축사 700㎡, 퇴비사 105㎡, 창고 300㎡)

– 한우 거세 비육우 100두×7㎡ = 700㎡

– 퇴비사 톱밥깔짚우사 700㎡×(15㎡/100㎡)* = 105㎡

＊ 한우 깔짚우사 퇴비사 용량 계산식 = 사육규모×(15㎡/100㎡)

◆ **축사건축 및 농기계 구입비** : 3억 9천만 원

– 부지구입: 1,848㎡ (560평) 0.6억 원 (전북 기준 농지 평당 10만 원, 축사 허가 부지 20만원)

– 농기계 : 1억 4,000만원 (로더 5,000만 원, 50마력 트랙터 7,000만 원, 트럭 1.0톤 2,000만 원)

– 자동화기계 : 2,000만 원 (자동사료 급여기)

– 축사 건축비 : 1억 7천만 원

◆ **가축구입비** : 3억 8천만 원

– 숫송아지 구입비 94두×400만 원/두(18년 현재기준) = 3억 8천만 원

◆ **예산확보** : 중앙·지자체 지원사업 활용 방안

– 자부담 : 2억 7천만 원

– 후계농업인육성 지원사업 : 3억 원, 가축구입 5천만 원, 축사건축 및 부지구입

2억 5천만 원

- 학사농업인육성사업(전라남도) : 2억 원

▣ 한우 창업(번식우, 송아지생산)

◆ **사육규모** : 송아지 120두 생산 (연간 순수익 24,000만 원)

◆ **전체사육면적** : 2,025㎡ (축사 1,500㎡, 퇴비사 225㎡, 창고 300㎡)

- 한우 경산우 110두(10㎡/두)+미경산우 20두(10㎡/두)+육성우 20두(5㎡/두)+송아지 30두 (2.5㎡/두) = 1500㎡

- 퇴비사 톱밥깔짚우사 1500㎡×(15㎡/100㎡)* = 225㎡

* 한우 깔짚우사 퇴비사 용량 계산식= 사육규모×(15㎡/100㎡)

◆ 축사건축 및 농기계 구입비: 4억 9천만 원

- 부지구입 : 3,300㎡ (1,000평) 1억 원 (전북 기준 농지 평당 10만 원, 축사 허가 부지 20만 원)

- 농기계 : 1억 4천만 원 (로더 5,000만 원, 50마력 트랙터 7,000만 원, 트럭 1.0톤 2,000만 원)

- 자동화기계: 2,000만 원 (자동사료 급여기)

- 축사 건축비: 2억 3천만 원

◆ **가축구입비** : 7억 원

- 임신우 90 두×700만 원/두(18년 평균) = 6.3억 원

- 암송아지 20두×350만 원/두(18년 평균) = 7,000만 원

◆ **예산확보**

- 자부담 : 8억 9,000만 원

- 후계농업인육성 지원사업 : 3억 원, 가축구입 5천만 원, 축사건축 및 부지구입 2억 5천만 원

자료 : 창업설계표준모델(한국농수산대학, 2019년)

◆ **규모** : 모돈 300두 (순이익 5억/년)

　- 300두×2.35회전×비육돈 출하 9두/1회×순이익 8만 원/두 = 507,600,000원

◆ **시설** : 번식사 1,464㎡, 자돈 및 육성사 1,430㎡, 비육사 1,700㎡, 퇴비사 300㎡,

　창고 100㎡

◆ **소요예산** : 총 29.4억 원

　- 돈사 신축 : 28억 원(축사 27억 원, 퇴비사 및 창고 1억 원)

　＊ 세부산출내역: 축사 200만 원/평, 퇴비사 및 창고 70만 원/평

　- 농기계: 1.4억 원(로더 4천만 원, 트랙터 7천만 원, 5톤 트럭 3천만 원)

자료 : 창업설계표준모델(한국농수산대학, 2019년)

▣ **육계 위탁 사육**

◆ **규모** : 육계 60,000수, 연 6회전 사육(예상수입액 1억 원)

◆ **시설** : 축사 3,300㎡, 퇴비사 330㎡, 창고 495㎡ 등(4,290㎡)

◆ **소요예산** : 총 1,467백만 원

　부지 및 축사

항목	규모(㎡)	예산(천 원)	비고
부지	8,500	257,550	용적률 60%, 평당 100천 원
축사	3,300	900,000	무창계사, 최신 자동화시설 포함 평당 60수 사육
퇴비사	330	100,000	
창고+관리사	495	150,000	우레탄 판넬
총계		1,407,550	

주요 농기계

항목	단위	수량	계(천 원)	비고
트랙터	대	1	19,000	4마력
스키드로더	대	1	25,000	
트럭	대	1	15,400	
총계			59,400	

◆ 연간 매출액 : 60,000수×450원×6회전 = 162백만 원

◆ 연간 지출액 : 약 60백만 원

약품비	깔짚비	연료비	기타	계(천 원)
20,000	15,000	20,000	5,000	60,000

◆ **예산확보** : 중앙·지자체 지원사업 활용 방안

– 농림수산업자산신용보증기금, 후계농자금

■ **산란계**

◆ **규모** : 산란계 50,000수(예상수입액 1억 원)

◆ **시설** : 축사 1,820㎡, 집란선별실 650㎡, 퇴비사 900㎡, 창고 900㎡ 등

◆ **소요예산** : 총 1,981백만 원

부지 및 축사

항목	규모(㎡)	예산(천 원)	비고
부지	7,120	215,736	용적율 60%, 평당 100천 원
축사	1,820	728,000	우레탄판넬
집란실	650	227,500	우레탄판넬
퇴비사	900	180,000	
창고	900	315,000	우레탄판넬
총계		1,666,236	

자동화시설 및 주요 장비

항목	단위	수량	계(천 원)	비고
계란 선별기	대	1	80,000	시간당 30,000개
케이지+자동화시스템			25,000	수당 11,000
콤포스트			150,000	
트랙터	대	1	19,000	4마력
스키드로더	대	1	25,000	
트럭	대	1	15,400	
총계			314,400	

◆ 연간 매출액 : 50,000수×100원×50주×평균산란율 85% = 1,487.5백만 원

◆ 연간 지출액 : 약 1,354.35백만 원

중추구입	사료비	육성비	인건비	난좌	약품비	유통비	기타	계(천 원)
200,000	673,750	200,000	120,000	50,000	30,000	33,600	47,000	1,354,350

◆ **예산확보** : 중앙 · 지자체 지원사업 활용 방안

– 농림수산업자산신용보증기금, 후계농자금

자료 : 창업설계표준모델(한국농수산대학, 2019년)

사례 : 곤충

▣ 흰점박이꽃무지 또는 갈색거저리를 사육 후 생충 또는 건조 판매

◆ **규모** : 연평균 흰점박이꽃무지 생물 900kg 생산 규모

◆ **시설** : 판넬 사육시설 (495㎡), 발효실, 사무실 1동, 휴게시설

◆ **소요예산** : 총 306,000천 원

– 부지구입 40,000천 원 (400PY×100천 원)

- 토목공사 : 15,000천 원

- 건축 및 설비비 200,000천 원 (200평×1,000천 원)

  ·사육 시설 : 사육실 3칸, 저온저장시설 1칸, 발효실, 준비실 등

  ·사육 장비 : 사료분쇄기, 혼합기, 병입기, 사육용기 등

- 초기재료구입비 (종충비, 사료비 등) : 15,000천 원

- 운전자금 (인건비, 관리비 등 초기 12개월분) : 36,000천 원

◆ 경제성 분석

- 총수입 : 76,500천 원 (900㎏×85,000원/㎏)

- 생산비 : 49,000천 원, 경영비 : 27,000천 원

  ·경영외 비용 : 22,000천 원

- 소 득 : 49,500천 원

- 순수익 : 27,500천 원

◆ 예산확보

- 자부담 : 36,000천 원 (3년 영농취업)

- 후계농업경영인 자금 : 270,000천 원 (연리 2%, 5년 거치 10년 상환)

  * 귀농 농업창업 및 주택구입자금 활용

  (연리 2%, 5년 거치 10년 원금 균등 분할 상환)

▣ 장수풍뎅이, 배추흰나비를 활용한 학습용 곤충 농장 운영 및 애완용 곤충 키트

 등의 판매

◆ 규모 : 월 400명 방문 및 애완, 학습용 곤충 체험 농장 (57,600천 원)

◆ 시설 : 교육장 165㎡, 이중비닐하우스 330㎡

◆ 소요예산 : 총 189,000천 원

- 부지구입 50,000천 원 (500PY×100천 원)

- 토목공사 15,000천 원

- 이중 비닐하우스 : 15,000천 원

- 곤충사육 및 표본제작 교육장 : 50,000천 원

- 시설비 (인테리어, 간판 등) : 20,000천 원

- 초기재료구입비 : 10,000천 원

- 운전자금 (인건비, 관리비 등 초기 12개월분) : 36,000천 원

◆ 경제성 분석 :

- 총수입 : 57,600천원 (12,000원/1인×400명/월×12개월)

- 생산비 : 35,100천 원, 경영비 : 20,000천 원

 ·경영외 비용 : 15,100천 원

- 소 득 : 37,600천 원

- 순수익 : 22,500천 원

◆ 예산확보 :

- 자부담 : 29,000천 원

- 후계농업경영인 자금 : 160,000천 원 (연리 2%, 5년 거치 10년 상환)

 * 귀농 농업창업 및 주택구입자금 활용

 (연리 2%, 5년 거치 10년 원금 균등 분할 상환)

자료 : 창업설계표준모델(한국농수산대학, 2019년)

사례 : 농수산물가공유통

▣ 반가공식품 배달

구분	산출내역
회원수	2,000명 기준(평균 구매율 25% = 평균 500명 재구매 가정)
1일 원료 처리량	곡물 200kg(잡곡+보리+쌀 등), 식재료 100kg(닭+채소+수산물)

구분	산출내역
생산단가	• 직접비 : 10,000원(3식분) • 원료비 : 2,500원 포장비, 1,500원, 유통비 3,000원, 인건비 등 3,000원 • 간접비 : 3,300원(3식분) – 일반관리비 1,000원, 영업비 1,000원, 홍보비 1,300원 • 판매가 : 15,000원/3식/1세트, 마진 : 1,700원
필요시설	**시설** : 가공공장 50평(냉동창고 5평, 냉장창고 5평, 포장재 창고 10평, 곡물 　　　　등 보관창고 10평, 사무실 3평) **설비** : 세척기 2대, 세절기 2대, 포장기 2대, 즉석밥제조장치 1대, 저울 2대, 　　　　로스팅기 1대, 졸임기 1대, 작업대 및 컨베이어
소요예산	• **총 5억 5천만 원** – 부지구입 5,000만 원(100평×50만 원) – 건축 및 유틸리티 2억 원(50평×400만 원) – 설비구축비 3억 원
예산확보	졸업 후 융자 3억 원 + 자치체 보조 5천만 원 + 자부담 2억 원 ＊ 정부지원사업 : 맞춤형 농림사업안내(http://uni.agrix.go.kr)
수익성	영업이익 11.3% : 8,500,000원/월(1.02억 원/년) – 개당 판매가 15,000원(5,000원/1식)×5,000개/월×11.3%(마진율) 　(평균 500명이 10회/월 구매)

▣ 로컬 과채음료 제조 및 판매

구분	산출내역
예상 고객 수	2,000명 기준(평균 구매율 25% = 평균 500명 재구매 가정)
1일 원료 처리량	곡물 200kg(잡곡+보리+쌀 등), 식재료 100kg(닭+채소+수산물)
생산단가	＊ 200㎖×30개 = 1세트 기준 • 직접비 : 600원/개, 18,000원/세트 – 원료비 200원/개, 포장비 100원/개, 유통비 100원/개, 인건비 등 200원/개 • 간접비 : 250원/개, 6,000원/개 – 일반관리비 100원/개, 영업비 100원/개, 홍보비 50원/개 • 공장출가 : 1,000원/개, 30,000원/세트 • 마진 : 150원/개, 4,500원/세트

구분	산출내역
필요시설	**시설** : 가공공장 70평(냉동창고 5평, 냉장창고 5평, 상온창고 5평, 포장재창고 10평, 원재료용 상온보관창고 10평, 사무실 및 품질관리실 5평, 가공실 30평) **설비** : 농산물 세척기 1대, 분쇄기 1대, 착즙기 1대, 여과기 1대, 살균기 1대, 포장기 1대, 저울 2대, 작업대 및 컨베이어
소요예산	**•총 6억 8천만 원** – 부지구입 1억 원(200평×50만 원) – 건축 및 유틸리티 2.8억 원(70평×400만 원) – 설비구축비 3억 원
예산확보	졸업 후 융자 3.5억 원 + 자지체 보조 8천만 원 + 자부담 2.5억 원 ＊ 정부지원사업 : 맞춤형 농림사업안내(http://uni.agrix.go.kr)
수익성	영업이익 15% : 9,000,000원/월(1.08억 원/년) – 세트당 출하가 3만 원×100세트/일*20일 = 6천만 원/월 매출 – 마진 : 6천만 원×15%(마진율) = 9백만 원/월 (일평균 100세트 판매 기준)

▣ 하우스 맥주

구분	산출내역
예상 고객 수	일 매장 방문자 100명 기준, 1인당 500cc 2잔 음용
1일 원료 처리량	곡물 40kg(보리, 밀), 홉 100g/일
생산단가	•직접비 : 80만 원/일 – 원료비 10만 원/일, 인건비 40만 원/일, 주류세금 30만 원/일 •간접비 : 20만 원/일 – 일반관리비 10만 원/일, 영업비 5만 원/일, 홍보비 5만 원/일 •판매가 : 7,000원/500cc •마진 : 제조가격의 40%
필요시설	**시설** : 하우스양조장 70평 – 냉장고 5평, 포장재 창고 5평, 원재료용 상온보관창고 5평, 발효실/숙성실 10평, 영업장 45평 **설비** : 분쇄기 1대, 발효/여과기 2대, 숙성조 2대, 조리설비 1SET, 보일러 1대

구분	산출내역
소요예산	• 총 6억 3천만 원 − 부지구입 5천만 원(100평×50만 원) − 건축 및 유틸리티 2.8억 원(70평×400만 원) − 설비구축비 3억 원
예산확보	졸업 후 융자 3.5억 원 + 자지체 보조 8천만 원 + 자부담 2.0억 원 * 정부지원사업 : 맞춤형 농림사업안내(http://uni.agrix.go.kr)
수익성	영업이익 40% : 40만 원/월(0.96억 원/년, 영업일 20일) − 1일 매출액 : 7,000원×200잔 = 1,400,000원 − 1일 마진 : 1,400,000원 − 소요경비 1,000,000 = 400,000원 − 년 소득 : 400,000원×20일×12달 = 96,000,000원

자료 : 창업설계표준모델(한국농수산대학, 2019년)

사례 : 수산양식

▣ 육상수조식 넙치양식

구분	산출내역
시설규모	수면적 1,650㎡(약 500평)
필요시설	양수시설, 사료창고, 히트펌프, 발전기, 제어장치 등
소요예산	• 총 195,000원 − 부지구입 45,000만 원(1,500평×30만 원) − 건축비 100,000만 원(500평×200만 원) − 설비 50,000만 원
예산확보	중앙 및 지방정부 지원금, 보조금, 자부담 등
수익성	판매가격에 따라 양식 순이익이 다름 − 11,000원/kg일 경우 : 약 8,800만 원 − 10,000원/kg일 경우 : 약 5,600만 원 (매출대비 순익 23.0%) − 9,000원/kg일 경우 : 약 2,300만 원 − 8,000원/kg일 경우 : 약 1,000만 원 손해

□ 뱀장어(지수식 양식, 하우스 활용)

◆ 규모 : 뱀장어 90톤(예상수입액: 2억/년)

◆ 시설 : 수면적 1,000㎡(165㎡×6개), 창고 및 막사 661㎡(선별축양장 포함) 등

◆ 소요예산 : 총 7억 원

− 부지 구입 : 1억 원

− 시설 신축 : 1.5억 원(하우스, 관정, 전기설비, 가온시설, 창고, 막사, 선별축양장 등)

− 각종 기계 : 0.6억 원(수차, 수중모터, 선별기, 트럭, 기타 장비 등)

− 치어(실뱀장어) : 2.5억 원(10㎏×5,000마리)

− 사료 및 투약 : 1억 원(사료 1,300포, 비타민, 간장제, 소화제 등)

− 전기세 : 0.4억 원(수차, 가온 난방 등)

◆ 예산확보 : 중앙 지원사업 활용

− (어업민 후계자 사업) 졸업생 2억 원 지원

자료 : 창업설계표준모델(한국농수산대학, 2019년)

2. 원리금 상환계획

투자계획의 자금조달 원천 중 융자금에 대해서는 원리금 상환조건에 따라 상환해야 하는 데 원리금은 원금(빌린 돈)과 이자(돈의 사용료)를 합한 금액을 말한다.

이자는 융자를 받은 돈에 대한 사용료이고, 이자율은 이자를 원금으로 나눈 비율로 반드시 **사용기간과 이자율을 동시에 표시**해야 한다. 만약 A 학생이 1년에 100만 원을 주겠다는 조건으로 1,000만 원을 빌렸을 경우 빌린 돈 1,000만 원을 원금이라 하고 원금을 사용하는 사용료 100만 원을 이자라고 한다. 이자를 계산하는 기간의 단위가 1년이면 이자율을 표시할 때 연리 10%라고 사용기간과 이자율을 같이 표시

한다.

이자를 계산하는 방법으로는 단리와 복리의 두 가지가 있는 데 단리는 원금은 변하지 않고 정해진 시점에 이자를 지급하는 방법이고 복리는 이자가 원금에 합산되어 이자를 계산하는 방법이다

1) 현재 가치Present Value와 미래가치Future Value

돈은 일정 기간에 투자를 통해 특정한 이자율에 상응하는 돈을 벌 수 있기 때문에 1년 후에 받는 1억 원은 현재 가지고 있는 1억 원과 동일한 가치가 있다고 할 수 없는 데 이러한 시간과 이자 간의 관계를 **돈의 시간적 가치**Time value of money라는 개념으로 설명할 수 있다. 현재 가치PV:Present Value는 미래 돈의 흐름을 현재 시점 기준으로 나타낸 가치를 말하고 미래가치FV:Future Value는 미래 특정 시점에 발생할 돈의 가치를 의미한다.

▶ 미래 가치(FV) = PV * $(1+r)^n$ r : 이자율, n : 기간
▶ 현재 가치(PV) = FV / $(1+r)^n$

예를 들면 은행에 연리 10%로 100만 원을 저축하면 현재 100만 원(현재 가치)은 1년 후의 미래가치가 110만 원, 2년 후의 미래가치는 121만 원이 된다.

2) 균등 상환액Equal Repayment Series

융자받은 대출금액을 일정 기간에 원금과 이자를 합쳐 매년 동일하게 상환하는 금액으로 산출과정이 복잡하고 어려워 엑셀Excel의 함수를 이용하여 계산하는 데 균등 상환액의 값이 음의 값으로 표시되지만, 이는 계산과정 상에서 나타나는 결과이므로 양의 값으로 전환하여 사용하면 된다.

> **균등 상환액 산출 엑셀 함수 : Pmt(rate, nper, pv, fv, type)**
> - rate : 연리 이자율(연리 3%일 경우 3% 또는 0.03)
> - nper : 기간(상환 횟수)
> - pv : 현재 가치(융자 금액)
> - fv : 미래 가치(상환기간 후 잔액 일반적으로 0)
> - type: 일반적으로 0, 만일 이자 선지급 시 1

3) 원리금 상환방법

원리금 상환방법으로는 첫째 매년(월) 이자만 갚고 만기일에 원금을 상환하는 경우, 둘째 매년(월) 같은 금액의 원금과 미상환원금에 대한 이자를 상환하는 경우, 셋째 매년(월) 원금과 이자를 합하여 같은 금액의 원리금을 상환하는 경우(균등 상환), 넷째 거치기간에는 이자만 내고 이후 매년(월) 원금과 이자를 합하여 같은 금액을 내는 방법, 다섯째 매년(월) 이자를 내지 않고 만기일에 이자와 원금을 한꺼번에 상환하는 방법이 있다.

사례

▣ 원리금 상환사례(거치기간 후 균등상환)

– 균등 상환액 : Pmt(rate, nper, pv, fv, type) = Pmt(2%, 7,200000,0,0)

종류	융자 시기	융자액	융자 조건	연이자율	균등 상환액
재배사/작업장/ 저온저장고/ 냉난방시스템	○○○○년 초	200,000	3년 거치 7년 상환	2%	-₩30,902

(단위 : 천 원)

연차	융자 잔액	상환 원리금			비고
		이자	원금 상환	계	
○○○○ 년	200,000	4,000		4,000	▨
○○○○ +1	200,000	4,000	▨	4,000	
○○○○ +2	200,000	4,000	▨	4,000	
○○○○ +3	200,000	4,000	26,902	30,902	
○○○○ +4	173,098	3,462	27,440	30,902	
○○○○ +5	145,657	2,913	27,989	30,902	
○○○○ +6	117,668	2,353	28,549	30,902	
○○○○ +7	89,119	1,782	29,120	30,902	
○○○○ +8	59,999	1,200	29,702	30,902	
○○○○ +9	30,296	606	30,296	30,902	

3. 투자분석Investment Analysis

창업을 하거나 영농·영어 규모의 확대 및 시설 장비의 구매 또는 개선 등에 많은 자금을 투자할 경우 투자에 대한 타당성 분석이 이루어져야 한다. 수익성이 낮은 사업일 경우 최 선을 다하더라도 이자도 갚기 어려운 상황에 빠질 수 있다. 따라서 특정한 사업에 투자하기 전에 항상 투자할 만한 가치가 있는 지를 분석한 후 투자하는 것이 중요하다.

1) 투자분석의 개념

유리온실, 축사, 농기계 등에 투자할 경우 투자를 통해 연차별로 수익이 발생할 것이다. 예를 들면 농기계를 구매하면 절약되는 노임이 투자에 따른 수익이 될 것이다. 투자분석은 투자한 돈과 투자로 인해 발생되는 수익을 비교하여 수익금액이 투자금액보다 크면 투자 타당성이 있고 수익금액이 투자금액보다 적으면 투자 타당성이 없다고 볼 수 있다. 그런데 문제는 돈도 농장에서 사육하는 가축처럼 새끼를 쳐 나가기 때문에 지금 투자한 돈과 미래 연차별로 발생하게 될 수익을 비교해야 하는 문제가 있다. 예를 들면 현재 1억 원을 투자하여 2년 후 1억 원의 수익이 발생되었다면 동일한 1억 원이라도 실제로는 가치가 다르므로 단순히 비교하기가 곤란하다는 것이다. 투자분석의 기본은 상이한 시점에 발생되는 수익이나 비용을 어떤 특정 시점의 가치로 재평가하여 총비용과 총 수익을 비교하여 어느 쪽이 더 큰지를 분석하는 것이다.

2) 투자분석 시 유의사항

가. 투자분석기간

투자분석을 위한 기간의 선정은 투자대상의 경제적 내용년수를 기준으로 하는 것이 일반적이다. 만약 초기 투자가 여러 가지 종류의 자산에 투자하는 경우 투자기간 선정은 주ㄹ 투자자산의 경제적 내용년수를 기준으로 하면 된다. 이러한 경우 주 투자자산의 경제적 내용년수보다 짧은 투자대상은 내용년수가 끝나는 시점에 재투자하고 주 투자자산의 경제적 내용년수가 끝나는 시점에도 자산가치가 남은 것은 마지막 년도 장부가격을 수익으로 계상한다. 예를 들면 댐 공사와 같이 경제적 내용년수가 매우 긴 경우 내용년수를 얼마로 할 것인가 하는 문제가 발생된다. 농어업분야 투자분석의 경우 보통 25~30년을 초과하여 계상할 필요가 없다. 왜냐하면, 어떠한 할인율을 적용하든 25~30년 이후에는 현재가치로 환산하기 위한 계수를 계산하면 그 숫자가 매우 적어 투자분석에 거의 영향을 미치기 않기 때문이다. 즉 할인율($1/(1 + r)30$)은 거의 0에 가깝다.

나. 비용계산

투자 분석 시 순이익 흐름(Net profit flow)은 손익계산 시의 이익의 개념과는 상이하다.

첫째, 감가상각비가 수익에서 공제되지 않는다. 왜냐하면, 투자분석은 시설 장비 등에 투자한 투자금액과 시설 장비의 내용년수 동안 투자로 인해 발생되는 수익을 대비시키는 것이기 때문에 투자금액 속에 이미 감가상각비의 개념이 반영되어 있다.

둘째, 투자 자본에 대한 이자는 수익에서 공제하지 않는다. 왜냐하면, 투자분석은 어떠한 사업에 투입된 자본에 대해 얼마나 수익이 발생될 수 있는가를 분석하는 것이 목적이기 때문이다.

3) 투자분석 기법

▣ 일반적으로 농어업 경영자가 창업 또는 영농·영어 규모 확대나 시설 현대화 등을 위해 농기계나 시설과 같은 고정자산에 대규모로 투자할 경우 사전에 투자의 타당성을 분석하여야 한다. 투자분석 기법은 단 하나의 투자계획안을 대상으로 채택 여부를 결정하는 경우와 2개 이상의 계획안 중에서 하나의 계획안을 선택하기 위한 수단으로 활용된다. 투자가 경제성이 있는 지를 평가하는 기준으로 활용되고 있는 지표로는 편익비용분석B/C : Benefit-cost, 내부수익률IRR : Internal rate on return, 순현재가치NPV : Net present value 등이 있다.

예를 들면 트랙터(취득가액 32,000만 원, 내용년수 8년)를 구매하여 농작업 위탁사업을 하려고 한다. 트랙터로 농작업을 하는 데 소요되는 비용은 1차년도 12,000만 원, 2차년도 13,267만 원, 3차년도 13,406만 원, 4차년도 13,999만 원, 5~8차년도 각각 14,568만 원이 소요되고 수탁수수료 수입은 1차년도 19,000만 원, 2차년도 21,000만 원, 3차년도 23,000만 원, 4차년도 24,000만 원, 5~8차년도에 각각 25,000만 원이 될 것으로 추정된다.

투자분석을 하기 위한 기간은 투자대상의 내용년수를 기준으로 하므로 트랙터 내용년수인 8년으로 하였다.

가. 순현재가치Net Present Value

순현재가치는 연도별로 발생되는 수익과 비용을 모두 현재 가치로 전환하여 합계를 계산하고 수익의 합계에서 비용의 합계를 뺀 금액을 말한다. 순현재가치를 계산하는 방법에는 두 가지가 있다.

첫 번째는 연차별 비용은 비용대로 일정한 할인율을 적용하여 현재 가치로 전환하여 그 합계를 계산하고 수익은 수익대로 동일한 할인율을 적용하여 현재 가치로 전환하여 그 합계를 산출하여 수익의 합계에서 비용의 합계를 빼는 방법이고 두 번째는 비용은 투자금액만 반영하고 매년 수익에서 비용을 뺀 현금흐름을 계산하여 이를 수익으로 보고 순현재가치로 환산하여 계산하는 방법이다.

순현재가치가 0보다 크면 수익이 비용보다 크므로 투자가치가 있다고 판단하고 0보다 작으면 수익보다 비용이 크므로 투자가치가 없다고 판단하게 된다.

$$NPV = I_0 + (B_1 - C_1)/(1 + r)^1 + (B_2 - C_2)/(1 + r)^2 + \text{--} + (B_n - C_n)/(1 + r)^n$$

$$= I_0 + \sum (B_t - C_t)/(1 + r)^t \quad t = 1, 2, \text{---}n$$

B_n : 시점 n에서 발생한 편익 C_n : **시점 n에서 발생한 비용**

r : 할인율   n : **내용년수** I_0 : 초기 투자액

순현재가치를 활용하여 투자분석을 할 경우 가장 신중하게 결정해야 할 사항은 적정할인율의 선택이다. 왜냐하면, 적용되는 할인율에 따라 순현재가치가 0보다 크거나 작아질 수 있기 때문이다.

나. 내부수익율Internal rate of return

순현재가치는 적용된 할인율에 따라 투자가치가 있는 사업으로 판단될 수도 있고 투자가치가 없는 것으로 판단될 수 있는 경우가 발생할 수 있다. 내부수익율IRR은 순현재가치NPV가 0이 되는 할인율을 계산하는 방법이다.

이렇게 계산된 내부수익율은 대상 사업에 투입된 자원에 대하여 지급 가능한 최소수익율을 나타낸다.

따라서 투자 판단을 할 경우 내부 투자 수익율이 높을수록 투자가치가 있는 사업으로 판단할 수 있다. 내부수익율은 순현재가치 계산 시 할인율을 결정하는 어려움을 없애고 투자액의 수익률을 나타낼 수 있다는 장점이 있다.

그러나 순현재가치가 0이 되는 할인율 r을 구하기 위해서는 복잡하고 계산하기가 어렵다는 단점이 있다.

$$0 = I_0 + (B_1 - C_1)/(1 + r)1 + (B_2 - C_2)/(1 + r)^2 + -- + (B_n - C_n)/(1 + r)^n$$

$$= I_0 + \sum (B_t - C_t)/(1 + r)^t \quad t = 1, 2, ---n$$

B_n : 시점 n에서 발생한 편익   **C_n : 시점 n에서 발생한 비용**

r : 내부 수익율   n : 내용년수 I_0 : 초기 투자액

다. 편익비용비율Benefit-Cost Ratio 분석

편익비용비율은 편익의 현재가치의 합계를 비용의 현재가치의 합계로 나눈 비율을 말한다. 따라서 편익이 비용보다 많으면 편익비용비율은 1보다 크게 되므로 편익비용비율이 1보다 크면 투자가치가 있다고 판단하고 1보다 작으면 투자가치가 없다고 판단하게 된다. 편익비용비율 역시 할인율을 어떻게 정하는가에 따라 편익비용비율이 1 이상이 될 수도 있고 1 이하가 될 수도 있으므로 신중하게 적정할인율(이자율)을 선택하여야 한다.

$$B = b_1/(1 + r)^1 + b_2/(1 + r)^2 + -- + bn/(1 + r)^n$$

$$= \sum b_t/(1 + r)^t \quad t = 1, 2, ---n$$

$$C = c_1/(1 + r)^1 + c_2/(1 + r)^2 + -- + cn/(1 + r)^n$$

$$= \sum c_t/(1 + r)^t \quad t = 1, 2, ---n$$

b_n : 시점 n에서 발생한 편익 c_n : 시점 n에서 발생한 비용

r : 할인율   n : 내용년수

편익비용비율B/C ratio **= B/C = ($\sum b_t/(1 + r)^t$)/($\sum c_t/(1 + r)^t$)**

라. 투자회수기간Payback Period 분석

투자회수기간은 자금을 투자하여 발생한 수익으로 투자비용을 상환할 수 있는 기간을 말하며 기간이 짧을수록 투자비용을 조기에 회수할 수 있다.

투자대상에 대한 회수기간을 미리 정한 후 이 기간 안에 회수할 수 있는 투자안을 선택하는 방법을 말한다. 투자자금의 유동성이나 안정성을 간접적으로 고려하는 방법이라고 할 수 있다.

투자회수기간법의 적용 시 회수기간이란 대상사업에 투자된 모든 자금을 회수하는 데 걸리는 시간, 즉 사업기간 중 매년 현금유입액을 합산한 금액이 초기의 투자액(대상사업에 대하여 보수적인 견해에서 판단하고자 할 경우에는 사업기간에 예상되는 총 투자액)과 같아질 때까지 걸리는 시간을 말한다. 자금의 시간가치를 고려하는 방법과 시간가치를 고려하지 않는 방법에 따라 회수기간이 달라진다.

독립적인 투자계획안의 경우에는 투자회수기간법의 투자 의사결정 기준으로 계산된 대상사업에 대한 투자안의 회수기간이 내부적으로 설정한 회수기간보다 짧으면 그 투자안을 채택하고 길면 경제성이 없는 것으로 판단하여 기각한다.

상호 배타적인 복수의 투자안의 경우에는 계산된 대상사업의 투자안에 대한 회수기간이 내부적으로 설정된 회수기간보다 짧은 투자안들 중에서 가장 짧은 투자안을

선택한다.

　투자회수기간법의 장점으로는 첫째, 계산이 간편하며 이해하기가 쉽다. 따라서 경제성평가에 대한 시간, 비용, 노력 등이 절약될 수 있다. 둘째, 농·어장에서 중요하게 생각하는 현금 유동성을 측정한다. 즉 투자안에 지출된 현금이 얼마나 회수될 것인지를 측정하는 자료가 된다. 셋째, 회수기간의 길이는 대상 투자안의 위험도를 나타내는 지표가 될 수 있으므로 회수기간법은 투자위험에 대한 정보를 제공하게 된다. 즉 회수기간이 짧을수록 미래의 현금흐름에 대한 불확실성을 제거하는 기간이 줄어들게 되므로 위험이 적다고 볼 수 있으며 회수기간이 길수록 미래의 현금흐름에 대한 불확실성을 제거하는 기간이 늘어나게 되므로 위험성이 크다고 할 수 있다.

　투자회수기간법의 단점으로는 첫째, 잔존가치 등 회수기간 이후에 발생 될 수 있는 현금유입액을 무시한다는 점이다. 둘째, 회수기간법은 시간의 흐름에 따른 돈의 가치를 고려하지 않고 있다는 것이다. 셋째, 투자 의사결정의 기준이 되는 회수기간을 얼마로 할 것인지의 결정이 가장 중요하다고 볼 수 있는 데 이 회수기간의 결정이 주관적이기 쉬우며 객관적이고 과학적인 근거를 찾기가 어렵다. 이와 같은 이유로 인하여 투자회수기간법은 수익성을 나타내는 지표보다는 투자계획의 위험도를 추정하는 지표로써 활용되는 것이 유용성이 높다. 따라서 다른 평가방법들과 병용함으로써 대상사업의 투자안에 대한 보완적인 수단으로 이용하는 것이 바람직하다.

마. 농수산업 투자분석

　투자 대상자산이 많고 내용년수도 다양한 경우 계산이 복잡하다. 따라서 이러한 어려움을 줄여주기 위해 투자분석 모델을 이용하는 것이 편리하다. 이러한 투자모델에 의한 투자분석 절차는 다음과 같다.

　① 시설 및 기계장비의 투자액과 내용년수를 기초로 총투자비와 감가상각비를 계

산한다.

② 투자 대상 시설 장비 등의 가중 평균 내용년수를 추정한다.

평균 내용년수 = 총투자비 / 감가상각비

③ 순수익란에 손익계산서상의 당기순이익 금액을 계상한다.

④ **투자분석에 적용할 할인율(자금출처별 이자율의 가중평균값)을 결정한다.**

⑤ **할인율에 따라 현재가치로 환산된 수익의 합계, 순현재가치를 계산한다.**

⑥ **내부 수익률IRR을 산출한다.**

⑦ **결과치를 검토하고 이를 토대로 의사결정을 한다.**

사례 1

철골 유리온실을 건설하여 채소농사를 하려고 한다. 영농에 필요한 기자재 현황은 다음과 같다. 채소농사에 대한 수익성 분석을 실시해본 결과 당기순이익은 30,000천 원이다. 투자에 필요한 자금조달은 연리 10%, 10년 균등 상환조건으로 융자를 받을 예정이다. 투자분석 결과 타당성을 설명하시오. 단, 감가상각비 계산 시 잔존가치율은 0으로 한다.

- **투자분석 자료**

1. 시설면적 : 4,488㎡

2. 시설투자액

구분		내용년수(년)	투자액(천 원)
기초공사(토목)		20	52,080
외피복공사	유리	20	262,644
내피복공사	섬피, 타이론	3	30,450
개폐장치		20	34,915
강제환기장치		5	690
관수장치		8	25,817
전기공사		10	69,233
관리사(서비스빌딩)		20	54,894
기타(저수조)		20	121,422
소계			652,145
난방시설	온수보일러	20	135,756
CO_2발생기	액화CO_2발생기	10	8,000
소계			143,756
방제기		8	2,800
운반차		10	4,050
소계			6,850
토지	4,620㎡		400,000
합계			1,202,751

투자분석 결과			
투자금액	1,202,751천 원	평균내용년수	21.8년
순수익(연간)	170,000천 원	할인율	10%
순현재가치NPV	262,192천 원	내부수익율	13.2%

투자분석 결과 순현재가치NPV가 262,192천 원으로 0보다 크며, 내부수익율IRR도 13.2%로서 할인율 10%보다 크므로 투자가치가 있는 사업으로 판단된다.

1. 투자개요

사업 목적	농장 대규모화를 위한 시설투자와 사양관리 측면 투자
사업 기간	○○○○년 ○○월 ~ △△△△년 △△월
주요사업내용	• 한우 일괄사육으로 사육두수 확보 • 농장 신축 ○○○○년 • △△△△년까지 200두 목표로 투자 계획 • 번식우의 개량 • 체계적인 사양관리 시스템 정착
기대효과	• 사육두수 규모화 및 안정화 • 우수한 번식 밑소 확보 및 우량 송아지 생산 • 고급육 생산과 규모화로 축산 선진농가 발돋움 • 수익성 창출 • 일괄사육 형태 정착으로 인해 농장 안정화 구축

2. 연차별 투자재원

가. 총괄

(단위 : 천 원)

투자연도	소요액	투자재원			비고
		자부담	보조	융자	
○○○○년	200,000	70,000	–	130,000	3년 거치 7년 상환

나. 연차별 투자내용

(단위 : 천 원)

연도별	투자 대상		투자금액				비고 (산출근거, 자금조달계획)
	시설/ 농기계	규격/ 형식	계	자부담	보조	융자	
○○○○ 년	축사	825㎡	150,000	20,000	–	130,000	후계영농자금
	스키로더	–	50,000	50,000	–	–	전년도 영업이익

3. 투자분석결과

가. 투자 내용 및 분석

(1) 축사 신축 (○○○○년)

　㈎ 시설면적 : 825㎡

　㈏ 투자액 : 150,000천 원

(단위 : 천 원)

구분	내용년수	투자액	감가상각비
축사허가 및 설계비	30	6,000	200
철골구조물 및 콘크리트	20	80,000	4,000
퇴비사	20	5,000	250
지붕	15	3,000	200
인치커튼	15	7,000	467
환풍기	10	8,000	800
급수시설	15	9,000	600
전기설비	15	6,000	400
차단방역기	5	6,000	1,200
인건비		20,000	
축사부지매입비			
소계		150,000	8,117

(단위 : 천 원)

시설면적	826㎡		
투자액	150,000		
구분	연간	평균내구연수	18년
투자액	150,000	자본회수기간	3.15
순수익(영업이익 + 감가상각비 − 가계비)	50,602	할인율	3%
순수익계(현재가치로 환산)	709,928	내부투자수익율	372%
순현재가치NPV	599,928	IRR에서 B/C	1.00
		편익비용비율B/C	4.73

4. 마케팅 계획

1) 마케팅의 정의

개인이나 조직의 목적을 만족하게 하도록 아이디어상품 그리고 서비스의 개념, 가격, 촉진 및 유통을 계획하고 수행하는 프로세스이다(미국마케팅협회).

2) 마케팅 믹스(4P's) 전략

일반적으로 마케팅 믹스는 **상품**Product, **가격**Price, **유통**Place 및 **촉진**Promotion의 4P를 의미하는 것으로 상품은 상품의 품질, 특징, 옵션, 상표명, 포장, 보증서비스 등을 모두 포함하고 가격은 가격할인, 정찰제, 신용조건 등을 포함하며 유통은 유통경로, 점포위치, 재고수송 등에 관한 사항을 그리고 촉진은 인적판매, 판매촉진, 홍보, 인적판매를 말한다.

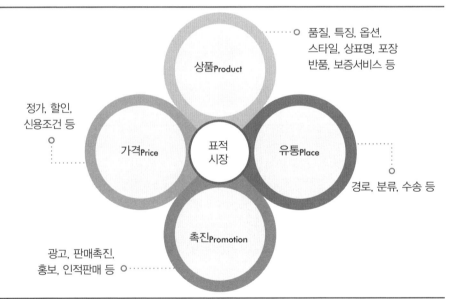

자료 : e-마케팅플러스(이훈영)

가. 상품전략

과거와는 다르게 상품의 개념이 상품기획부터 시작하여 생산, 판매, 소비, 욕구충족 등에 이르는 모든 과정을 포함하게 됨으로써 물리적 상품보다는 소비자의 욕구를 충족시킬 수 있는 상품과 결합한 차별화된 서비스의 중요성이 대두하고 있다.

사례	
고품질 전략	▪ 上品 비율 ↑, 下品 비율 ↓ → 차별화된 재배기술 도입 ▪ 생표고 생산을 기본으로 하고 판매 잔량에 대하여 자연 건조로 건표고 생산 ▪ 고품질 표고버섯 생산을 위해 냉·온방 시스템으로 환경 조절 ▪ 수확작업을 일 3~4회 실시하여 생산 표고버섯의 품질을 확보 ▪ 표고 수확 후 냉장보관, 냉장운송을 원칙으로 신선도 유지
상품 포장/ 디자인 차별화	▪ 포장단위를 100g, 500g, 1kg 등 소포장으로 구매의 폭 확대 ▪ 선물용 포장 박스를 따로 만들고 명절이나 필요할 때 소비자에게 대량소비 유도
다양한 서비스 결합	▪ 생명의 쌀 정농 5종세트(녹미, 적미, 흑향미, 찹쌀, 현미) ▪ 정월 대보름 오곡밥 잡곡 세트
브랜드 개발	▪ 쌀브랜드 : 언니 몇쌀, 참깨브랜드 : 손만잡을깨 등

나. 가격전략

가격은 생산자가 생산한 상품과 소비자의 필요 및 욕구를 연결하여 교환을 실현하는 매개체 역할을 하지만 최근에는 이러한 가격의 역할이 축소되어 하나의 촉진 도구로 전락하는 현상이 나타나고 있다.

가격전략에는 세 가지가 있는 데 고가전략, 중용가전략, 할인가전략으로 분류될 수 있다.

사례	
고가 전략	• 도매시장 출하품은 상품 기준으로 출하하며 경매가를 계속 모니터링하여 경매가가 높은 시기에 집중 출하
중용가 전략	• 고정거래처와 대량유통 거래처는 시세의 평균을 기준으로 구매자와 협의해 고정가격을 설정
할인가 전략	• 개별판매가격은 소비자가격보다 낮게 책정하여 아파트 부녀회 등에서 공동 구매를 할 수 있도록 유도

다. 유통 전략

농수산물 유통은 농수산물을 생산하는 농어업인의 손을 떠나는 시점(출발지)과 최종소비자들이 구매하는 시점(종착지) 사이에 존재하는 시간적, 공간적, 물리적 간격 또는 장애물들에 대하여 수많은 매개자와 시설, 수단들이 개입하여 해결하는 과정 또는 절차Process이다(농림축산식품부).

또한 농수산물의 생산과 소비 사이에는 크게 다섯 가지의 간격이 존재한다. 첫째, 장소적(공간적) 간격이 있다. 장소적(공간적) 간격은 사회적 분업의 심화와 도시화의 진행으로 생산과 소비가 보다 분명하게 분리되면서 산지에서 농수산물을 수집하여 소비지까지 운송하고 하역하는 물류기능을 통해 해소될 수 있다. 둘째, 시간적 간격으로 생산 시점과 소비 시점이 다른 시간적 간격을 해소하기 위해서는 보관·저장하는 시설과 기능이 필요하다. 셋째, 품질적 간격으로 소비자들은 각자 자신이 선호하는 품질 또는 등급, 크기 등이 다르나 생산하는 농수산물은 재배기술, 생육조건, 품종 등의 영향으로 일정한 품질이나 등급을 생산할 수 없으므로 그 간격을 메우기 위해 산지유통센터나 도매, 소매 유통주체들이 선별, 등급 포장, 가공 등의 유통기능을 수행해야 한다. 넷째, 수량적 간격으로 농어업인들은 생산한 농수산물을 한꺼번에 대량으로 판매하기를 원하지만, 소비자들은 가정에서 먹을 양만큼의 소량으로 구매를 하거나 심지어 절단제품을 구매하기를 원하는 경우도 있다. 다섯째, 소유의 간격으로 농어업인이 생산한 농수산물의 소유권이 농어업인에게 있는 한 가격변동이나 상품의 품질변화에 따른 가치하락 등 소유위험을 농어업인이 부담하게 되기 때문에 거래를 통한 소유권 이전으로 위험부담을 해소할 수 있다.

농수산물의 유통은 일반 공산품의 유통과 상이한 특성이 있다. 첫째, 대부분 농수산물은 그것이 지닌 가치(농수산물 가격)에 비해 부피가 크고 중량이 무거워 많은 운송비가 소요되므로 부피와 중량을 낮추기 위해서는 표준화·등급화된 농수산물의 유통을 위한 지속적인 개선이 필요하다. 둘째, 농수산물은 계절적으로 생산되나, 소비는 연중 소비됨으로써 공급과 수요에서 일시적인 불균형이 발생하기 때문에 저장·가공·판매 등의 문제와 가격변동이 생기는 데 이러한 농수산물 생산의 계절적인 편재성을 완화하기 위해서는 출하시기 조정 등 생산기술을 비롯하여 가공 및 저장기술의 발전이 중요하다. 셋째, 대부분 농수산물은 부패성이 강한 물리적 특성 때문에 많은 저장비용이 소요되는 데 이러한 부패성을 제어하기 위해서는 효과적인 수확 후 처리기술의 저온저장 시설과 저온 수송 등 저온유통Cold chain system의 확충이 필요하다. 넷째, 농수산물은 품종, 생산지, 생산자가 동일하더라도 생산수량과 품질이 다르게 나타나는 데 최근에는 품종개량, 생산기술의 발달로 양과 품질의 차이가 크게 줄었지만, 아직 개선의 여지가 많아서 따라서 농수산물의 표준화·등급화 문제는 어려우면서도 유통 효율화를 실현하는 중요한 의의가 있다. 다섯째, 농수산물의 주된 용도는 식품이지만 식품용도 이외에도 공업원료, 의약품, 에너지 원료 등 다양한 용도로 쓰이고 있다. 여섯째, 농수산물은 가격변화에 따른 수요와 공급의 탄력성Price elasticity of demand & supply이 비탄력적으로 수요자의 지급의사나 공급자의 공급의사가 가격변화에 대해 민감하게 반응하지 않는 특성을 지니고 있는데 수요 측면에서는 농수산물 가격이 급등락하더라도 수요 자체의 증감 폭이 작으며 공급 측면에서도 생산량을 단기간에 증감시킬 수 없기 때문이다. 일곱째, 국내 농어업의 경우 농어가당 영농·영어 규모가 영세하고 통합과 조직화가 제대로 이루어지지 못해 농수산물 유통에 어려움을 야기하고 있는 데 대부분 농수산물이 광범위하게 분산된 다수의 농어가에 의해서 소규모로 생산되고 있으므로 이를 수집하여 출하하고 판매하여 소비로 연결하기 위해서는 단계별로 유통주체들의 개입이 필요하고 이에 따라 많은 유통비용이 발생하게 된다.

농수산물 유통기능은 농수산물이 생산자로부터 최종 소비자에게 이전되는 과정에서 이루어지는 경제적 활동 및 과정을 의미한다. 일반적으로 농수산물 유통기능은 거래기능(상적 유통기능), 물적 유통기능, 유통조성기능으로 분류되며 유형별로 아홉 가지로 나눌 수 있다.

농산물 유통기능 분류

거래기능	① 구매 ② 판매
물리적 기능	③ 저장 ④ 수송 ⑤ 가공
유동조성 기능	⑥ 표준화 및 등급화 ⑦ 금융 ⑧ 위험부담 ⑨시장정보

자료 : 농산물유통론(김동환 외, 2003년)

① 거래기능 Exchange function

구매(수집)기능은 농수산물의 공급원을 발견하고 수집하는 구매와 관련된 모든 활동으로 농수산물에 대해 계약체결 후 계약에 따라 농수산물을 인도받고 대금을 지급하는 과정을 의미한다.

판매(분산)기능은 농수산물을 구매하고자 하는 잠재수요자가 농수산물을 구매하도록 하거나 구매 욕구를 불러일으키게 하는 활동을 의미하는 데 머천다이징 Merchandizing으로 불리는 활동이 판매기능에 포함된다고 볼 수 있다(상품계획, 가격결정 등).

② **물리적 기능**Physical function

생산에서 소비에 이르기까지 발생하는 농수산물의 물리적 변화와 관련된 모든 활동을 의미하며 일반적으로 저장, 운반, 가공의 기능이 여기에 속한다.

저장기능은 농수산물이 원하는 시기에 이용되도록 하는 기능을 담당하고 있으며 생산과 소비 사이의 시간적 차이를 조절해주는 데 과거에는 단순히 재고품을 장기간 보관하는 의미로 이해했으나 최근에는 경영관리를 적극적으로 지원하는 개념으로 해석되고 있다.

운반기능은 농수산물의 생산지와 소비자간 연결기능으로 농수산물의 생산지·가공지·소비지가 여러 지역에 분산되어 있기 때문에 자동차, 철도, 선박, 비행기 등을 이용하여 농수산물을 생산지로부터 가공 또는 소비지로 운반하는 기능을 의미한다.

가공기능은 농수산물의 형태를 본원적으로 변경시키는 활동으로 농수산물의 특수성을 극복하여 적시 적기에 소비자에게 전달할 수 있는 임무를 수행하는 데 제품의 형태를 바꾸는 활동을 통해 장기저장, 새로운 수요의 창출이나 시장 개척 등을 목적으로 이루어지며 특히 농수산물의 부가가치를 향상하기 위한 물리적 기능과 밀접한 연관성을 지니고 있다.

③ **유통조성 기능**Facilitative function

유통조성 기능은 거래 및 물리적 기능이 원활히 수행될 수 있도록 하는 기능으로 재화의 소유권 이전이나 실물을 취급하는 데 직접 관련되어 있지는 않지만 이러한 기능이 보조적으로 수행되지 않는다면 농수산물의 유통체계는 성립할 수 없을 것이다.

표준화란 농수산물을 등급화하기 위해 공통으로 합의된 양적·질적 척도(기준)를 정립해서 유지하는 것을 말하며 등급화는 표준화된 상품을 구분하고 분류하는 일련의 과정을 의미하는 데 농수산물이 표준·등급화되어 판매됨으로써 물류효율화를 통한 유통비용이 절감되고 소비자의 신뢰 제고를 통해 가격효율을 제고할 수 있다.

금융기능은 농수산물이 유통경로를 통하여 소비자에게 이르는 과정에 소요되는 운영자금을 조달하거나 지원하는 것을 의미하는 데 화폐 흐름은 재화 즉 농수산물의 이동과 반대방향으로 흘러가며 교환경제의 핵심적인 기능을 담당하고 있다.

위험부담 기능은 농수산물의 유통과정 중에 발생할 가능성이 있는 위험을 부담하는 기능으로 위험은 크게 물리적 위험과 시장 위험으로 나누어지는 데 물리적 위험은 상품을 보유하고 있는 동안 품질 저하, 부패, 화재, 도난 등에 의한 손실의 가능성에 기인하는 위험을 말하고 시장위험은 상품을 보유하고 있는 기간에 상품의 가격 변동에서 발생하는 손실 또는 소비자의 기호변화에 기인하는 위험을 의미하며 이러한 위험부담을 경감시키기 위해 보험, 계약재배, 농수산물 가격변동에 대한 위험을 최소화하기 위한 선물거래 등의 방법이 활용되고 있다.

시장정보 기능은 유통과정에서 발생하는 다량의 자료를 수집·분석·전파하는 것으로 유통기능의 원활한 활동에 중요한 역할을 담당하는 데 유통단계별로 유통주체들이 의사결정을 하기 위해서는 정보가 필수적인 판단요소로 작용하며 특히 정확한 가격, 소비자 패턴 등의 다양한 시장정보를 획득할 때 유통주체들의 경영기능이 원활히 수행될 수 있다.

농수산물 유통경로는 생산자에서 소비자에게 농수산물이 도달하는 과정상의 통로를 말하며 농수산물 유통을 수행함에 있어 자연 발생적으로 필요에 의해 만들어진 것으로 각 유통단계를 거치면서 원활한 유통기능이 수행되게 된다.

농수산물 유통경로는 농수산물의 종류별 특성 및 유통지역에 따라 상이하나 기본적으로는 생산자로부터 도매상, 소매상의 경로를 통해 최종소비자에 이르게 되는데 가공용 농수산물은 비교적 유통과정이 단축되어 있으나, 소비용 농수산물은 여러 가지 과정이 필요하다.

농수산물 유통경로의 특성은 첫째, 공산품보다 복잡하다는 것으로 이는 농수산물이 지니는 생산 및 소비과정의 특수성 때문에 수집경로와 분산경로가 상대적으로 복잡하며, 둘째, 공산품과는 달리 유통단계에서 감모가 크고 가격대비 운송비, 하역비가 많이 들고, 셋째, 농수산물이 생산자로부터 소비자에게 연결되는 과정에서 많은 단계의 유통경로가 있어 유통기간이 길다. 따라서 생산자 측면에서는 다양한 유통채널을 활용하는 것도 중요하다.

국내 농산물 유통경로

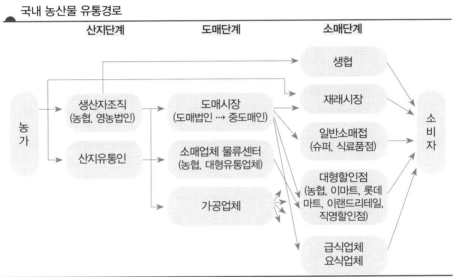

자료 : 농안법을 알면 농산물 유통이 보인다(농림축산식품부, 2013).

또한, 농수산물 유통의 환경변화로는 첫째, 농수산물 소비패턴의 변화를 들 수 있다. 소포장의 선호로 소포장 상품의 소비가 증가하는 추세이며, 친환경농수산물·안전식품에 대한 소비가 증가하고 있는데 이력추적제 등 안전성에 대한 관심이 높아지고 식품의 선택기준이 과거에는 수량, 가격에서 이제는 유통기한, 안전성 및 품질로 변화되고 있다. 그리고 소비자의 식품소비패턴을 살펴보면 외식비중이 가장 높고, 다음으로 신선식품, 가공식품을 선호하며 세척, 절단, 가공하여 바로 먹을 수 있게 만든 신선편이 농수산물의 소비가 확대되고 있다. 아울러 쌀의 소비는 줄어들고 육류의 소비가 증가하는 소비품목의 변화 추세가 두드러지고 있다.

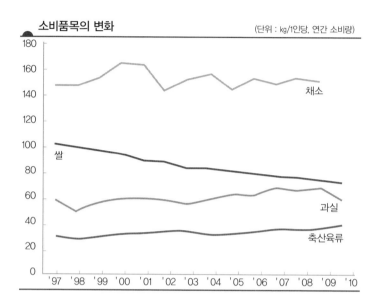

소비품목의 변화 (단위 : kg/1인당, 연간 소비량)

농수산물 유통구조도 크게 변화하고 있다. 도매시장 중심의 거래는 정체됐지만 대형마트, 온라인 거래 등 새로운 유통경로의 비중은 증가하고 있다. 아울러 기존 유통경로 이외에 생협, 파머스마켓, 로컬푸드, 소비자 참여형 직거래CSA 등의 새로운 경로가 확산되고 있고 이들을 제도권으로 포함하는 농산물 직거래법 제정이 추진(2014년)되었으며, 협동조합기본법의 제정으로 다양한 협동조합이 탄생되고 있다. 상품의 물류측면에서는 상품의 표준화, 규격화, 등급화가 급속히 진전되고 소포장 상품의 유통이 확대되고 있으며 직접 눈으로 확인하고 구매하던 시대에서 코드로 구매하는 시대로 전환되고 포장기술의 발전을 통해 택배전용 포장개발의 확산과 보냉·보온 포장재들이 지속적으로 개발되는 추세이다.

오프라인 (90%)	도매시장, 급식, 지역 마트, 공동구매, 농장 직거래, 로컬푸드 체인
온라인 (10%)	블로그, 홈페이지 등

④ 촉진전략

촉진은 판매활동을 원활하게 하며 매출액을 증가시키기 위해서 실시되는 모든 마케팅활동을 말하는 데 이러한 촉진은 광고, 판매촉진, 인적판매, 홍보의 4가지 수단으로 나누어볼 수 있다.

사례

광고	▪ 전단지를 제작하여 개별소비자에게 농장을 홍보하여 직거래를 촉진
홍보	▪ 농장에 대한 스토리텔링을 만들어 미디어에 소개될 수 있도록 추진 ▪ 표고버섯을 이용한 요리법 홍보물을 만들어 배포
인적판매	▪ 지역 로컬푸드 매장에서 판매원을 고용하여 직접 판매
판매촉진	▪ 소비자가 일정량 이상을 구매하였을 때 할인율 적용 ▪ 아파트 단지 등 공동구매가 가능한 지역에서 샘플 제공

⑤ 마케팅 믹스(4P) 사례

(1) 상품Product 전략

철저한 관수와 생육관리로 고품질의 산채 모종을 생산하여 소비자의 만족을 극대화하고, 취미농을 대상으로 산채모종을 생산하여 기존의 산채 육묘농가들과 차별화된 상품 생산

(2) 가격Price 전략

타 농장에 비해 저렴하게 판매하는 저가전략을 추진하고자 하는 데 이는 기존의 육묘농가들이 오랜 판매 경험으로 판로가 안정적이므로 신규 진입하는 우리 농장의 경우 동일한 가격으로 판매할 경우 판매가 어려울 수 있어 주변의 육묘농가 판매가격보다 낮은 가격으로 판매

(3) 유통Place 전략

산채시험장을 적극적으로 활용하여 농장을 대상으로 한 대량 직거래 유통라인을 개척하여 판매할 것이며 또한 취미 또는 도시농부들을 대상으로 '마르쉐@' 같은 도시장터에서 판매할 수 있는 소량으로 판매하는 직거래 유통채널을 구축하여 판매하는 이원화 유통전략을 추진

(4) 촉진Promotion 전략

농장의 정체성과 특장점을 담은 브랜드 및 슬로건을 농장용과 취미·도시농부용을 별도로 제작하여 소비자의 특성에 맞는 인식을 심어줄 것이며 산채시험장에 홍보 전단지를 비치하여 산채시험장을 방문하는 농가들에게 소개될 수 있도록 하고 온라인 블로그 활동을 통해 농장의 모종을 지속적으로 홍보

3) 매출액 추정

매출액은 판매물량에 상품 판매 시 판매가격을 곱하여 계산하는 데 농·어장에서 직접 판매한 경우는 농·어장 수취가격으로 매출액을 산출하고 도매시장 등에서 판매된 경우에는 실제 판매가격을 기준으로 매출액을 산출하고 상하차비, 운송비, 각종 수수료 등은 손익계산 시 판매비와 일반관리비 계정과목에 계상하여 처리하여야 한다.

농수산물의 품질 등에 따라 가격이 상이한 경우 등급별 판매가격과 판매가능량을 추정하여 매출액을 계산하거나 전체 판매수량에 가중 평균가격을 반영하여 산출하여야 한다.

사례 : 산채모종

■ 판매계획

판매가격은 곰취(105구 트레이)를 기준으로 산정하였다. 강원도 산채연구분소의 ○○○○○년 곰취 모종 트레이당 가격은 15,000원이었고, 주변에서 육묘를 생산 판매하는 '○○○ 농장'에서는 21,000원에 판매하였다. 온라인에서는 27,000원에서 30,000원 수준으로 판매되고 있지만, 온라인 가격의 특성을 고려하여 제외하고 산채연구분소와 ○○○ 농장 판매가격의 평균 판매가격인 17,500원을 기준으로 산정하였다.

이는 기존 농가들의 경우는 단골고객이나 축적된 홍보 효과로 가격이 높아도 판매가 가능할 수 있으나 창업 농장은 신규 진입이기 때문에 다른 농장들보다 다소 가격이 낮은 저가 전략이 판매에 유리할 것으로 예상했다.

산정된 평균 판매가격에 매년 특화작물시험장 산채연구분소의 가격상승률(5.8%)을 적용하여 판매 단가를 산정하였다.

산채시험장 연도별 가격 추이

연도	D-5	D-4	D-3	D-2	D-1	평균
곰취 105구(천 원)	11	12	13	14	14	12.40
가격상승률		8.3%	7.7%	7.1%	0%	5.8%

자료 : 특화작물시험장 산채연구분소

D년 창업 농장의 산채 모종 105트레이당 판매가격은 18,500원이고 매년 5.8%씩 증가하여 D+4년에는 23,200원을 판매가격으로 산정하였다.

창업농장 연도별 추정 판매단가

연도	D	D+1	D+2	D+3	D+4	비고
곰취 105구(천 원)	18.5	19.6	20.7	21.9	23.2	

대부분 농장 또는 공공기관 직거래 형태로 판매할 예정이며, 산채연구분소의 감모율(20%)과 ○○○농장의 판매율(80%)을 고려하여 상품화율을 80%로 적용, 판매수량을 산정하였다.

2016년 매출액은 약 1,500만 원 수준이며 매년 생산량 확대 및 판매단가 증가를 통해 2020년에는 약 9,900만 원의 매출액을 달성하고자 한다.

연도별 매출액 추정

구분		D	D+1	D+2	D+3	D+4
직거래	생산량	1,067	2,133	3,200	4,267	5,333
	판매량(트레이)	853	1,707	2,560	3,413	4,267
	판매단가 (천 원/트레이)	18.5	19.6	20.7	21.9	23.2
	매출액(천 원)	15,798	33,427	53,044	74,822	98,945

* 상품화율 80% 적용(산채연구분소 감모율(20%), ○○○ 농장 판매율(80%) 고려)

5. 생산계획

생산계획은 농어가가 무엇을, 얼마나, 언제, 어떻게 생산하겠다는 계획을 의미하는 것으로 ① **생산품목 선정**, ② **생산량계획**, ③ **영농·영어기반 확보 및 이용계획**, ④ **영농·영어자재 소요계획**, ⑤ **노동력 소요계획**, ⑥ **생산기술 결정** 등으로 구성된다.

1) 생산품목 및 영농·영어형태의 선정

생산할 품목의 선택은 농어업경영인이 보유하고 있는 생산공간이 그 품목의 생산에 적합한 지에 대한 검토와 경제성 분석 그리고 자신이 보유하고 있는 영농·영어기술 및 기반 등을 충분히 고려하여 결정하여야 한다.

생산품목 선정시 검토사항(창업의 경우 영농·영어 예정지역)

구분	분석 항목
생산공간	• 기상환경 : 평균기온, 강수량 등 • 농장지형 및 토양 조건 : 경사도 등 • 수리조건 및 도로상태 • 재해 : 재해형태 및 발생빈도
경 제 성	• 생산품목의 수급상황(공급/수요) – 생산농가 및 출하량, 수요량 • 판매가격 변동추이(5∼10년간) • 생산품목의 소득분석
보유기술 및 영농·영어기반	• 농어업기술 보유상태 • 영농·영어경험 • 영농·영어기반(농지, 시설 등) 보유

영농·영어를 위해 정착하고자 하는 지역에서 생산하기에 적합한 품목을 선정하고 이들 품목에 대한 경제적 타당성을 분석한 후 1-2개 품목을 전문화할 것인지 3개 이상 품목을 복합적으로 생산할 것인지를 결정하여야 한다.

	장점	특징
복합영농·영어 (3개 이상)	• 여러 작목 ⋯ 상호 보완 (가격폭락/재해) • 순환 영농·영어 가능 (예 : 가축분뇨 – 퇴비활용) • 노동력의 연중 활용 가능 • 수확시기 상이 ⋯ 수시 현금 수입 가능	• 생산의 계절성이 큰 토지이용형 농업 – 가공·유통까지 사업범위 확대
전문영농·영어 (1~2개)	• 특정 품목 기술 및 경영개선 노력 집중 • 대량 출하 가능 ⋯ 유통 면에서 유리 • 생산비 절감 : 농기계 및 시설 高 활용	• 연중 노동력 활용이 가능한 시설 영농·영어 및 축산

2) 생산량 계획

선정된 생산품목에 대해 **중장기 영농·영어 목표를 달성**하기 위한 연도별 단수, 재배면적, 생산량에 대한 계획을 수립하되, 영농·영어 경험이 축적됨에 따라 높아지는 생산성 향상(단수의 증가)을 반영하는 것이 바람직한데 이를 위해 동일품목에 대해 타 농·어장이나 자료조사를 통해 영농·영어 경험과 생산량과의 관계를 분석하여 반영하는 것이 필요하다.

	D	D+1	D+2	D+3	D+4	비고
단수 (10a당)						
재배면적						
생산량						

* 생산량 = 단수(kg)/1,000㎡ × 재배면적(㎡)
* 타 농장 사례 또는 자료조사를 통해 단수의 생산성을 객관적으로 제시

구분	D	D+1	D+2	D+3	D+4	비고
단수 (10a당 kg)	500	510	520.2	530.6	541.2	연평균 증가율 2%
재배면적 (㎡)	10,000	10,000	20,000	20,000	30,000	
생산량(kg)	5,000	5,100	10,404	10,612	16,236	

사례 : 표고버섯

구분	D	D+1	D+2	D+3	D+4	비고
단수 (배지 1.5kg당 생산량(kg))	0.40	0.41	0.42	0.43	0.44	
재배 배지량 (개/1.5kg)	25,720	40,000	40,000	40,000	40,000	
생산량(kg)	10,288	16,320	16,646	16,979	17,659	

* 단수는 ○○○농장 기준(연 평균증가율 2%)   자료 : 산림청 임업경영실태조사(2013)

사례 : 산채

▣ **생산량 계획**

산채 농장은 D년인 첫해 1,067판의 트레이를 생산할 계획으로 1회 생산량 산정 기준은 재배면적(1,000㎡)에서 관리면적(20%)을 제외한 생산가능 면적에 트레이 평균 면적(1.5㎡)으로 나누어 산정하였으며 봄, 가을 연 2회 육묘를 목표로 하고 있고 매년 임차면적을 1,000㎡씩 확대하여 생산량을 증가시킬 것이다.

5년간 생산량 계획

	D	D+1	D+2	D+3	D+4
재배면적(㎡)	1,000	2,000	3,000	4,000	5,000
생산량(트레이)	1,067	2,133	3,200	4,267	5,333

사례 : 조경수

조경수 생산계획

구분		D	D+1	D+2	D+3	D+4
재배 면적(㎡)	1농지	5,940	5,940	5,940	5,940	5,940
	2농지	4,590	4,590	4,590	4,590	4,590
	3농지	5,850	5,850	5,850	5,850	5,850
	합계	16,380	16,380	16,380	16,380	16,380
식재된 주수(주)	1농지	3,900	3,900	3,900	3,900	3,900
	2농지	2,200	2,200	2,200	2,200	2,200
	3농지	2,000	2,000	2,000	2,000	2,000
	합계	8,100	8,100	8,100	8,100	8,100
예상 단가(원/주)	1농지			90,000	100,000	
	2농지		110,000	100,000		
	3농지	100,000		120,000		130,000
	합계					
생산량(주)	1농지			500	1,870	
	2농지		1,700	600		−
	3농지	1,500		500		1,500
	합계	1,500	1,700	1,600	1,870	1,500
식재할 주수	1농지			500	1,870	
	2농지		1,700	600		−
	3농지	1,500		500		1,000
	합계	1,500	1,700	1,600	1,870	1,000

구분		D	D+1	D+2	D+3	D+4
생산액(천)	1농지			45,000	187,000	–
	2농지		187,000	60,000	–	–
	3농지	150,000		60,000	–	195,000
	합계	150,000	187,000	165,000	187,000	195,000

▣ **산출기준**

① 수목 식재간격은 1.3m x 1.3m = 1.69㎡/주

② 재배면적은 총면적의 90%

  ▷ 1농지 – 6,600㎡ × 90% = 5940㎡

  ▷ 2농지 – 5,100㎡ × 90% = 4590㎡

  ▷ 3농지 – 6,500㎡ × 90% = 5850㎡

③ 식재주수

  ▷ 1농지 – 5,940㎡ ÷ 1.69㎡/주 = 3,514주

  ▷ 2농지 – 4,590㎡ ÷ 1.69㎡/주 = 2,815주

  ▷ 3농지 – 5,850㎡ ÷ 1.69㎡/주 = 3,401주

④ 생산량은 노지재배생산량의 85% 이며, 판매량은 100%

  ▷ 1농지 – 3900주 × 85% = 3315주

  ▷ 2농지 – 2200주 × 85% = 1870주

  ▷ 3농지 – 2000주 × 85% = 1700주

⑤ 판매가격은 미림원예, 서림원예 수프로 시장가격을 참조

3) 영농·영어기반 확보 및 이용계획

농지, 영농·영어시설 및 농기계 등의 영농·영어기반을 확보하고 농지를 이용하기 위한 계획을 수립해야 한다.

① 농지

농지는 소모되거나 감가상각되지 않는 영구자원이지만 비옥도나 수리 및 경지조건 등은 농지를 어떻게 관리하느냐에 따라 유지 또는 향상되거나 황폐화될 수도 있다.

농지의 경제적 특성	• 부동성 : 이동할 수 없음 • 불증성 : 인위적으로 그 면적을 증가시키기 어려움 • 불멸성 : 다른 자산과 달리 사용하여도 소멸하지 않음
농지의 기술적 특성	• 적재력 : 작물이나 가축이 생존하고 유지하는 장소 • 가경력 : 작물이 생육할 힘으로 뿌리를 뻗게하고 지상부를 지지 또는 수분이나 양분을 흡수하게 하는 물리적 성질 • 부양력 : 작물생육에 필요한 양분을 흡수·저장하는 특성

농지의 확보 시 고려사항은 선정된 작목의 최적 생육조건에 적합한 농지를 선정하고, 확보해야 할 농지면적이 결정되면 농지를 확보하는 방법을 결정해야 하는 데 농지의 확보방법에는 소유와 임차가 있다.

	소유	임차
장점	• 안정적인 경지이용 가능 – 임차기간 연장 불확실 • 자금융자 시 담보물로 활용 가능 • 독자적 농지이용 가능 • 물가상승 시 자산가치 보존	• 운영자금 확보가 가능 • 탄력적 경영규모 확대 운영 가능 • 임차료가 낮을 경우 자금 운영 용이
단점	• 농지구매 시 많은 자금 소요 • 농지 투자수익률 상대적으로 낮음 • 농지투자로 운영자금 부족 가능성 • 경영규모 확대가 어려움	• 장기적 농지이용 불확실 • 경지여건이 상대적으로 취약 • 지가상승 시에도 자산증가 無 • 자금차입 시 담보 부족 발생

복합 영농·영어의 경우 확보된 농지에 대한 이용계획 수립은 매우 중요한 데 이는 많은 자본이 투입된 토지를 경제적으로 이용하지 않으면 높은 소득을 올리기 어려우므로 따라서 효율적인 작부체계 설계와 농지이용계획을 수립해야 한다.

작부체계

(예시 : ○ 파종, X 정식, ■ 수확)

구분 \ 월별	1	2	3	4	5	6	7	8	9	10	11	12

(논) 봄감자(300㎡) — ○─── 봄감자 ───■
벼(3,000㎡) — ○─── X 벼 ───────■

(밭) 봄무우(1,400㎡) — ○── X 봄무우 ─■
상추(800㎡) } + 호박(3,000) — ○── X 상추 ─■
알타리(500㎡) — ○── X 호박 ────■
○ 알타리 ■
+ 배추(3,000) — ○──── 배추 ────■

(밭2) 호박(1,500) — ○── X 호박 ────■
+ 가을감자(1,500) — ○── X 가을감자 ■
+ 호밀(1,500) — ■

* 연작피해가 있는 작목은 윤작 계획 등을 반영하여 작성

농지이용계획

	상 중 하 1월	상 중 하 2월	상 중 하 3월	상 중 하 4월	상 중 하 5월	상 중 하 6월	상 중 하 7월	상 중 하 8월	상 중 하 9월	상 중 하 10월	상 중 하 11월	상 중 하 12월	
14 ~ 13	F (2,000m²)		F (2,000m²)		F (2,000m²)		F (2,000m²)		F (2,000m²)				기타 시설
12 ~ 10	E (3,000m²)												과수원
9 ~ 7	D (3,000m²)												
6 ~ 4	C (3,000m²)		C (3,000m²)		C (3,000m²)		C (3,000m²)						밭
3 ~ 1	A (3,000m²)			B (3,000m²)			A (3,000m²)						논

* ( )은 재배면적

▣ 생산 전략

봄과 가을, 연 2회 산채 모종을 생산할 계획인 데 봄에는 주로 곰취, 취나물, 곤드레 등을 육묘하고 가을에는 산마늘, 눈개승마, 곰취 등 채종 적기가 가을인 산채를 육묘할 것이다.

D+1년부터 매년 1,000㎡씩 토지를 추가적으로 임차하여 5년 후 총 경영면적을 5,000㎡까지 확대함으로써 생산량을 증가시킬 것이다.

농지 확대 계획

(단위 : ㎡)

구분	D	D+1	D+2	D+3	D+4
소유	1,000	1,000	1,000	1,000	1,000
임차(+)		1,000	1,000	1,000	1,000
경영면적	1,000	2,000	3,000	4,000	5,000

시장조사를 통해 순환이 빠른 산채(곰취, 눈개승마, 산마늘 등)을 중심으로 육묘할 것이다. 또한 판매하지 못한 산채 모종의 경우, 장기간 육묘가 가능하도록 트레이에서 플라스틱 포트로 옮겨 2년생, 3년생의 모종으로 만들어 추가 모종의 생산이 가능하도록 할 것이다.

② 농기계 및 영농·영어시설

농기계를 구매할 시 충분한 작업량이 확보될 수 있는 지를 사전에 충분히 검토한 후 구매를 하는 것이 바람직하다.

영농·영어시설의 규모는 재배작목의 수급전망, 투자 타당성, 판로, 노동력 조달 가능성 등을 고려하여 결정하여야 하는 데 시설설계에 대한 경험이 적고 전문지식이 부족한 경우 국가기관(농촌진흥청), 전문기관, 단체 등에서 만든 표준설계도를 참고하여 시설을 설치하는 것이 바람직하다.

비료, 농약, 사료, 종자 등은 농어업의 생산에 소요되는 자재로써 한번 사용하면 다시 사용할 수 없다는 점에서 장기간 사용할 수 있는 농기계나 영농·영어시설 등과 구분되며 영농·영어자재 소요계획에 반드시 포함해야 할 사항은 농수산물의 생육단계별 필요한 자재의 종류, 단수, 단가, 구매금액이다.

단위면적당 영농·영어 자재소요량(단수)은 기술적인 사항으로 영농·영어기술에 따라 자료를 수집해야 하는 데 예를 들면 수도작의 경우 직파, 어린모 이양, 중묘 이양 중 어느 기술을 선택하느냐에 따라 자재소요량이 달라지므로 재배기술이 먼저 결정된 후 그 기술에 따라 자재소요량을 파악하여야 한다.

단위면적당 자재소요량에 재배면적을 곱하면 자재소요량이 산출되고 총 소요량에 구매단가를 곱하면 자재구매금액이 계산된다.

4) 노동력 소요계획

농어업 노동력의 특징은 첫째, 경제와 농업이 발전할수록 농어업의 노동 투입량은 점차 감소하고, 둘째 농어업 노동력은 시간과 날짜에 따라 연속적으로 행해지며, 셋째 노동력을 연중 생산에만 활용하기 어려우며 또한 특정한 시기에 집중되는 노동력 수요를 임시고용 등을 통해 충족시켜야 하고, 넷째 노동력은 인적요소이기 때문에 농·어장 경영자는 인간적인 요소를 고려한 관리계획(교육훈련, 인간관계 등)이 필요하다.

농어업 노동의 종류에는 가족노동력, 연중고용, 계절고용, 임시고용, 위탁영농으로 분류할 수 있다.

가족노동력 : 노동력 공급의 융통성(노동시간에 구애받지 않음),
　　　　　　노동력의 적절한 활용, 노동력의 질적 우수성

연중고용 : 1년 또는 수년을 기간으로 계약 고용

계절고용 : 1개월 또는 2개월을 기간으로 주로 농번기에 활용

임시고용 : 수시로 1일을 기간으로 계약하는 고용노동력

위탁영농 : 특정한 농작업을 위탁받은 후 작업을 완료할 경우 보수를 받는 고용노동
　　　　　의 형태

　노동력 소요량을 산출하는 방법에는 ① **작업단계별 소요시간을 조사하여 산출하는 방법**과 ② **작업인원, 영농비율, 작업 일수를 조사하여 산출하는 방법**이 있다.

① 작업단계별 소요시간을 조사하여 산출하는 방법

작업단계별 투입노동력 (시간)　　　　　　　　　　　　　　　　　　　(조사기준 : 연간)

Code No.	작업단계별	자가노동		고용노동		동력		위탁
		남	여	남	여	남	여	
01	입병작업							
02	마개막기							
03	살균							
	계							

* 연간재배 기준으로 노동투하량 조사함.

고용노임

노임 (1시간 기준)	구분	현금지급액(원)	급식물평가액(원)	합계(원)
	남자			
	여자			

주 : 조사작목에 투입된 고용노임단가를 조사 기입. (1시간 기준 평균 노임)

자가노임

노임 (1시간 기준)	구분	현금지급액(원)	급식물평가액(원)	합계(원)
	남자			
	여자			

주 : 조사작목에 투입된 자가노임은 작물재배 기간 동안의 그 지역 평균 노임 기록

자료 : 농산물 소득조사표(농촌진흥청)

② 작업인원, 영농비율, 작업 일수를 조사하여 산출하는 방법

구분			D	D+1	D+2	D+3	D+4
자가 노동력	본인	작업일수					
	가족	작업일수					
고용 노동력	일 용 직	남 작업인원					
		남 작업일수					
		여 작업인원					
		여 작업일수					
	상용직	고용인원					

주 : 자가노동력의 작업 일수 = 365일 × 농작업확률(80%) × 영농참여비율(%)

③ 노무비계획

노무비 산출 시 적용하는 일당 기준은 실제 지급금액 또는 주변 지역의 지급금액을 조사하여 산출하되, 남녀를 구분하여 작성하고 자료조사가 어려운 경우에는 **지역별 소득분석자료(농촌진흥청)**를 기준으로 산출하여 적용할 수도 있다

임금(일당, 급여)은 과거 일정기간 동안의 농가구매가격지수(농림축산식품 주요통계) 중 농촌 임료금의 연평균증가율을 적용한다.

구분				D	D+1	D+2	D+3	D+4
자가 노무비	본인							
	가족							
고용 노무비	일용직	잡 급	남					
			여					
	상용직	급여						
		상여금						
		퇴직급여						

대부분의 농어가의 경우 본인이나 가족의 노임은 농·어장에 근무한 근로시간을 기준으로 하여 인건비가 지급되지는 않는다.

회계는 농업경영체의 소득이 어느 정도인지를 산정하기 위한 것이다. 회계에서 '거

래'는 재산의 변동을 가져오고 화폐단위로 측정할 수 있어야 한다. 그러나 자급요소에 대한 기회비용은 화폐단위로 측정이 어려워 이를 회계에서는 거래로 인식할 수가 없다. 따라서 경영주가 투자한 토지나 출자금 및 경영주 자신의 인건비는 소득을 구성하고 있기 때문에 기회비용에 대해서는 비용으로 산입하지 않는다.

예를 들면 경영주 자신이 자기농장에서 노동한 대가를 마치 타인을 고용하여 노임을 지급한 것과 같이 자신에게 노임을 지급한 것처럼 비용으로 처리할 경우 복식부기를 기장하는 회계에서는 손익계산서상 비용으로 처리하게 되지만 동시에 대차대조표에서는 비용처리 금액만큼을 부채로 기재해야 하는데 이런 경우 경영주 본인에게 대한 부채가 발생하게 되는 모순에 빠지게 된다.

자기자본이나 자기토지에 대한 기회비용도 마찬가지이다. 자기토지는 자기자본의 구성요소이므로 자기토지에 대한 기회비용을 비용으로 추가로 계상하는 것은 원가를 이중으로 산입하는 문제가 발생하고 기회비용을 대차대조표에 부채로 계상하게 됨으로써 대차대조표의 왜곡을 초래하게 된다.

기회비용은 과거 오래전부터 생산비 개념 또는 각종 농업통계에서 활용되고 있는 등 농업부문에서만 나타나는 특수한 개념으로서 타 산업분야나 현행 기업회계기준에는 없는 개념이다.

정부가 농업정책을 추진함에 있어 농수산물의 가격을 보장하거나 직접적인 생산비 뿐만 아니라 자가 노임 및 자기자본에 대한 일정한 수익을 보상하여야 하는 경우가 있다. 이런 경우 기회비용은 농수산물의 정부 보상수준이나 수매가격의 적정성을 판단하는 기준으로 활용될 수 있을 것이다.

본 농수산 창업설계에서는 농어업 경영체가 자체 경영분석을 위하여 기회비용 중 자가노임(경영주 및 가족)의 기회비용은 비용(노무비항목 중 급여)으로 처리하고 자기자본 및 자기토지에 대한 기회비용은 비용항목에 포함되지 않도록 전제하였다.

노무비 작성 기준

작성 기준	• 자가 : ○○○○년 지역별 농산물 소득자료집(농촌진흥청) 시설 상추 투입시간, 제조업평균임금 기준 • 고용 : ○○○○년 강원도농업기술원 산채연구분소 보급단가 기준 • 매년 농촌임금평균증가율(6%)을 고려 인상 적용				
	○○○○ 산채시험장 인건비(원/트레이)	자가투입시간 (년/10a)	시간당 인건비(원)	농촌임금 평균증가율	비고
	1,660	107.2	14,520	6%	

연도별 인건비 계획

		D			D+1			D+2			D+3			D+4		
		시간	단가 (원)	인건비 (만 원)	시간	단가 (원)	인건비 (만 원)	시간	단가 (원)	인건비 (만 원)	시간	단가 (원)	인건비 (만 원)	시간	단가 (원)	인건비 (만 원)
자가 (관리)	남	107	15,391	1,650	214	16,315	3,498	322	17,294	5,562	429	18,331	7,860	536	19,431	10,415
	여															
	소계			1,650	214		3,498			5,562			7,860			10,415

		수량	단가 (원)	인건비 (만 원)	수량	단가 (원)	인건비 (만 원)	수량	단가 (원)	인건비 (만 원)	수량	단가 (원)	인건비 (만 원)	수량	단가 (원)	인건비 (만 원)
고용 (파종)	남															
	여	1,067	1,760	1,877	2,133	1,865	3,979	3,200	1,977	6,327	4,267	2,096	8,942	5,333	2,221	11,848
	소계			1,877			3,979			6,327			8,942			11,848

재배면적(㎡)	1,000	2,000	3,000	4,000	5,000

5) 생산기술계획

향후 해당 품목의 생산을 위해 적용할 예정인 생산기술 개요 및 생산과정의 절차에 대해 간략하게 기술하되, 차별화된 아이디어가 접목될 수 있도록 작성한다.

◘ 육묘단계별 관리기술

㈎ 파종과 발아기 관리

시판되는 종자는 대부분이 소독되어 판매되나 소독되지 않은 종자는 반드시 소독(벤레이트-티 200배액에 1시간 담근 다음 맑은 물로 씻어 파종)한다. 종자 껍질이 단단하여 흡수가 어려운 종자는 껍질에 상처를 내어 하루 정도 물에 담가 충분히 흡수시킨 후 파종한다.

㈏ 이식기의 관리(옮겨심는 경우)

본잎이 생장하기 시작할 때 1회만 옮겨심기를 하는 것이 좋으며 옮겨 심는 횟수가 많으면 단근이 발생한다. 환경악화 등에 의해 일시적인 생육 정체를 나타낼 수 있으므로 유의해야 한다. 옮겨심은 후에는 차광하여 활착을 촉진하고, 충분히 관수를 하며 적온으로 관리한다.

㈐ 육묘 중기의 관리

균형적인 생육을 할 수 있도록 광합성을 촉진시킨다. 양분전류가 합리적으로 일어나도록 하는 시기로 온도는 적온으로 관리하고 가능하면 충분한 햇빛을 받도록 한다. 꽃눈 분화 및 형성 단계로 낮 동안 온도를 다소 높게 관리하고, 밤에는 낮게 관리한다. 기온과 지온은 밤에는 기온보다 지온을 높게 하는 **두한족열형**의 관리가 바람직하다.

㈑ 육묘 후기의 관리

적정한 포기 사이 공간을 확보하고 관수와 비료가 부족한 경우 액비로 웃거름 주기 등을 하는 것이 중요한 포인트이며 포장의 조건에 적응시키는 순화단계로 다소 온도를 낮추어 관리한다.

사례 : 표고버섯

표고버섯 톱밥 봉지재배 과정

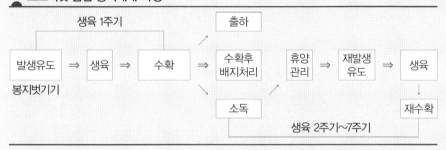

사례 : 뱀장어

1. 매실이 첨가된 배합사료 개발

뱀장어 양식생산에 있어 사료비의 비중이 크기 때문에 양식 생산에 소요되는 비용을 최소화하기 위해 기능성 물질인 매실액을 배합사료에 혼합하여 사료의 효능을 높이고, 사료비를 절감시킨다. 또한, 사료 효율을 높임과 동시에 매실이 첨가된 배합사료를 통해 매실 뱀장어 양식의 브랜드화를 추진할 계획이다.

뱀장어의 주 사료인 배합사료에 매실을 혼합할 경우 지방함량을 낮추고 사료 효율은 더욱더 높아질 것이며 뱀장어의 혈액순환이 원활하게 이루어져 각종 질병도 줄어들기 때문에 부가가치가 높은 뱀장어를 생산할 수 있다.

2. 매실 뱀장어의 브랜드화

현재 뱀장어 양식은 실뱀장어 가격 변동으로 인해 양식에 어려움이 많다. 출하 시에는 적정한 가격을 받지 못하고 있으며, 이러한 이유로 폐업하는 양식장이 늘어나는 추세다. 이러한 상황을 극복하기 위해 지역별 특산물을 이용한 뱀장어 양식이 늘고 있으며 이러한 차원에서 매실 뱀장어를 브랜드화할 계획이다. 최근에 지역별로 특색을 지닌 브랜드화된 뱀장어가 개발되고 있는데 예를 들면 순창의 메주뱀장어, 고창의 풍천뱀장어 또는 복분자 뱀장어, 경기도에서는 뻘에서 축양시킨 뻘장어 등이 브랜드화되어 소비자들에게 전달되고 있다. 이를 통해 지역의 특산물을 홍보하고 뱀장어의 부가가치를 높일 수 있다. 또한, 뱀장어 생산 뿐만 아니라 양식장 인근에 직판장을 개설하여 소비자들에게 저렴한 가격으로 뱀장어를 판매하고, SNS를 통해 브랜드화한 뱀장어를 판매할 계획이다.

3. 매실을 이용한 뱀장어 양식기술 개발

가. 매실을 이용한 뱀장어 양식

매실을 이용한 뱀장어 양식은 뱀장어의 배합사료에 매실액을 첨가하여 사료를 급여하고 뱀장어를 양성하는 양식을 의미한다. 매실액을 배합사료에 혼합하는 이유는 사료비의 비중이 높기 때문에 비용을 줄이고 사료의 품질을 향상시키기 위해서다. 또한, 뱀장어의 효능과 영양학적인 부분을 강화하여 다른 양만장과의 차별화를 추진하려는 이유도 있다.

현재 인공종묘 생산 연구가 이루어지고 있는데 양식장에서 양성되는 뱀장어의 80% 정도가 수컷으로 암컷 개체의 비율이 많이 부족하지만 매실뱀장어로 인해 암컷 개체의 비율을 더욱 증가시킬 수 있으며, 암컷 개체의 비율이 높아짐에 따라 사료 효율 및 경제성을 제고시킬 수 있다.

매실 뱀장어양식에서는 매실액을 만들어 사료에 혼합하는 방법이 제일 중요한 데, 배합사료 대비 효율을 잘 맞추어야지만 사료 효율이 높아지고 질병 또는 폐사 위험을 낮출 수 있다. 또한 매실액을 제조할 때 매실의 독성을 제거한 후 배합사료에 혼합하여야 한다.

나. 매실 뱀장어 양식방법

◆ 급여

기능성 발효물질(매실액)을 분말사료 대비 0.5%를 혼합하여 1일 2회 공급하고, 매실액을 배합사료에 혼합하는 시기는 입 붙임 단계 후인 흑자가 급여되는 시점부터 혼합하여 급여한다. 사료 급여 시 일반적으로 첨가하는 비타민 E, C 나 소화제, 기타 영양제도 같이 첨가해준다.

◆ 사육관리

지수식 양식으로 수차 및 액화산소를 이용하여 산소공급을 하며, 사육수온은 전기보일러를 이용한 가온으로 수온을 유지하며 수온은 29℃를 유지한다.

환수는 사육수의 10% 정도로 소량의 환수를 시행하며, 기초수질은 YSI550A, YSI60 제품을 이용하여 용존산소, pH 등을 측정하고, 암모니아, 아질산 등은 수질측정 키트Chemetrics를 사용한다.

다. 매실액 제조 및 보관 방법

◆ 매실 구매 및 옹기 구매

· ○○○○농원에서 매실 구매 (1kg – 35,000원)

· 매실을 보관할 대형 옹기 (1옹기 – 130,000원)

◆ 매실액 제조방법

· 구매한 매실을 깨끗이 세척한다.

· 세척한 매실을 옹기에 담고 물과 1:2 비율로 섞는다. 이때 설탕은 넣지 않는다.

· 랩 또는 비닐로 입구를 봉한 후 약간의 공기가 통할 수 있도록 구멍을 뚫어놓고 뚜껑을 닫는다(완전히 밀폐할 경우 폭발할 수 있음).

· 매실과 물을 담은 옹기는 그늘진 곳 또는 서늘한 곳에 보관한다.

- 숙성 100일이 지난 후 씨와 알맹이를 걸러내고 매실액만 사용한다.
- 매실액을 배합사료에 혼합할 때 충분히 희석해 사용한다.

◆ 매실액 보관방법
- 매실액이 담긴 옹이는 그늘진 곳 또는 서늘한 곳에 통풍이 잘되는 자리에 보관한다.
- 숙성 100일이 지난 매실액은 씨와 알맹이를 제거하고 매실액만 옹이에 옮긴다.
- 깨끗하게 걸러진 매실액은 제작된 일회용 용기에 1회 분량씩 담아 보관한다.
- 일회용 용기에 담은 매실액은 습기가 없는 냉장고에서 보관한다.

6) 축산분야 생산계획

산분야는 가축 사육두수가 유동적이고 월령별 사료소요량이 상이하므로 경종분야와는 다른 점이 많다. 따라서 축산분야의 특성을 살려 생산계획을 수립해야 한다.

축산분야의 생산계획을 작성하기 위해서는 ① 가축의 사육형태(예를 들면 번식우, 육성우, 비육우 등)를 결정해야 한다. ② 사육하려는 가축의 사육기간별 생리(예를 들면 종부, 출산, 예방접종, 이유 등)와 관련자료(출산율, 폐사율, 도태율, 사료소요량, 증체율 등)을 수집한다. ③ 가축을 언제 또는 몇 kg 시 판매할 것인가 하는 방침을 결정한다. ④ 사육형태별 사육시기별 두당 사료 급여계획을 결정한다. ⑤ 종부 및 예방접종계획을 작성한다. ⑥ 축사규모 등을 고려하여 사육형태에 따라 구매 및 판매 그리고 자가 생산 두수를 고려하여 가축 확보계획을 작성한다. ⑦ 두당 사료급여량에 사육두수를 곱하여 총 사료소요량을 계산한다. 종부 및 예방접종에 필요한 자재소요량이나 인력도 사료소요량 산출과 동일한 방식으로 계산하면 된다.

육우의 경우를 예를 들면

① 사육형태를 결정한다.

- 예를 들면 사육형태를 수소 장기비육(거세, 비거세), 암소단기비육, 번식우(초임우 및 경산우) 사육의 세 가지 형태로 한우의 사육계획을 수립하였다.

② 가축의 사양관리 방법 등을 고려하여 사육기간별 사육단계를 구분한다.

- 예를 들면 비육의 경우 포유기 송아지, 송아지, 비육육성기, 비육 전기, 비육 중기, 비육 후기로 구분하고 번식우의 경우 포유기 송아지, 송아지, 육성우(암소), 임신우, 공태기간 등으로 구분한다.

③ 가축 판매시기를 결정한다.

- 예를 들면 암소나 수소비육의 경우 24개월 후에 판매하기로 한다. 번식우는 56개월령에 판매한다.

④ 사육형태별 사육시기별 두당 사료급여계획을 작성한다.

- 예를 들면 번식우 사료급여 프로그램

⑤ 월령별 종부 분만 및 예방접종계획 등을 작성한다.

- 예방접종 및 기생충 구제도 사료급여계획과 유사한 방법으로 1두 기준으로 월령별 횟수와 비용을 계산한다.

⑥ 축사 규모와 가축의 자가증식 등을 고려하여 가축 확보계획을 수립한 후 사육형태별 월령별 가축 사육두수를 조사한다. 보유 가축이 월령별로 다양할 경우 가축별로 별도 사양관리를 하기에는 어려움이 있으므로 사육단계가 동일한 몇 개의 집단을 형성할 수 있도록 하는 것이 효율적이다.

⑦ 사료 소요량 산출이나 예방접종비 등을 간단하게 계산하기 위해 가축 사육두수 확보계획, 사육형태별 사육시기별 두당 사료급여계획, 가축 질병 예방계획을 작성한다.

1. 연차별 사육두수 확보 계획

(단위 : 두)

구분			D	D+1	D+2	D+3	D+4
상시 두수	암소	번식우	44	41	46	59	97
		육성우	11	14	13	32	46
		송아지	2	3	3	3	7
		암소비육	–	–	–	–	–
		소계	57	58	62	94	150
	수소	비육후기	–	–	–	–	12
		비육전기	–	–	–	9	16
		육성우	7	6	7	16	19
		송아지	3	2	2	3	6
		소계	10	8	9	28	53
총 계			67	66	71	122	203
변동 두수	구매	암송아지	–	–	–	20	30
		수송아지	–	–	–	–	–
	생산	암송아지	17	16	19	19	32
		수송아지	16	14	15	19	25
		폐사	1	1	1	1	1
	판매	비육우	–	–	–	–	1
		노폐우	8	16	8	8	8
		암송아지	8	–	7	–	–
		수송아지	15	16	14	–	–
번식율(%)			98				
폐사율(%)			3				
공태기(일)			60일 ~ 80일				
비고			분만암수비율은 50% 적용, 4개월령 숫송아지 입식, 6개월령 암송아지 판매 * 총 사육두수는 12월 기준으로 함.				

2. 거세비육우 사료급여 프로그램

비육단계	어린송아지		중송아지				육성기						비육전기					
개월령	1	2	3	4	5	6	7	8	9	10	11	12	13	14	15	16	17	18
월개시체중(kg)	28	52	76	100	126	151	177	202	228	253	279	304	330	357	384	412	441	471
일당증체량(kg)	0.8	0.8	0.80	0.85	0.85	0.85	0.85	0.85	0.85	0.85	0.85	0.85	0.90	0.90	0.95	0.95	1.00	1.05
농후사료 체중대비(%)			2.50	2.00	1.65	1.60	1.60						1.80					
농후사료 체중대비급여량(kg)	무제한		1.90	2.00	2.13	2.42	2.82	3.23	3.64	4.05	4.46	4.86	5.93	6.42	6.90	7.42	7.93	8.47
농후사료 실제급여량(kg)	0.2	0.5	1.50	2.00	2.00	2.50	3.00	3.00	3.50	4.00	4.50	5.00	6.00	6.50	7.00	7.50	8.00	8.50
농후사료 DM기준 CP(%)	23		19.00				17.00						15.00					
농후사료 DM기준 TDN(%)	78		74.00				72.00						74.00					
조사료 건초급여량(kg)			자유급여				자유급여						1.50	1.00	1.00	1.00		
조사료 볏짚급여량(kg)													2.20	2.10	2.10	2.00	2.00	1.90
첨가제 생균제(kg)																		
첨가제 중조(kg)																		
사양관리 point	유두 발달을 위해 농후사료만 급여		유두 발달 마무리와 반추위 발달 준비				양질의 조사료 무제한 급여를 통해 반추위 발달						비타민 A, D 조절을 통해 지방세포분화 촉진					

비육단계	비육중기					비육후기							
개월령	19	20	21	22	23	24	25	26	27	28	29	30	출하
월개시체중(kg)	502	532	560.5	587.5	613	637	661	683.5	706	727	746.5	764.5	782.5
일당증체량(kg)	1.00	0.95	0.90	0.85	0.80	0.80	0.75	0.75	0.70	0.65	0.60	0.60	
농후사료 체중대비(%)	1.80					건물 섭취 최대화							
농후사료 체중대비급여량(kg)	9.04	9.58	10.09	10.58	11.03	10.50	10.00	10.00	9.50	9.50	9.00	9.00	
농후사료 실제급여량(kg)	9.00	9.50	10.00	10.50	11.00	10.50	10.00	10.00	9.50	9.50	9.00	9.00	
농후사료 DM기준 CP(%)	14.00					13.00							
농후사료 DM기준 TDN(%)	76.00					78.00							
조사료 건초급여량(kg)													
조사료 볏짚급여량(kg)	1.80	1.70	1.40	1.40	1.00	1.00	1.00	0.80	0.80	0.80	0.50	0.50	
첨가제 생균제(kg)													
첨가제 중조(kg)													
사양관리 point	일당증체량 극대화					중조, 생균제를 통하여 건물 섭취 최대화를 통해 근내지방 마무리							

3. 번식우(미경산우) 사료급여 프로그램

비육단계		어린송아지		중송아지			육성기							
개월령		1	2	3	4	5	6	7	8	9	10	11	12	13	14
월개시체중(kg)		28	52	76	100	126	151	177	202	228	253	279	304	330	351
일당증체량(kg)		0.8	0.8	0.80	0.85	0.85	0.85	0.85	0.85	0.85	0.85	0.85	0.85	0.70	0.70
농후사료	체중대비(%)			2.50	2.00	1.65	1.60	1.60							
	체중대비급여량(kg)	무제한		1.90	2.00	2.13	2.42	2.82	3.23	3.64	4.05	4.46	4.86	5.72	5.61
	실제급여량(kg)	0.2	0.5	1.50	2.00	2.00	2.50	3.00	3.00	3.50	4.00	4.50	5.00	5.00	5.00
	DM기준 CP(%)	23		19.00				17.00							
	DM기준 TDN(%)	78		74.00				72.00							
조사료	건초급여량(kg)			자유급여				자유급여						1.50	1.00
	볏짚급여량(kg)													2.20	2.80
첨가제	비타민 A(kg)														
사양관리 point		유두 발달을 위해 농후사료만 급여		유두 발달 마무리와 반추위 발달 준비			양질의 조사료의 무제한 급여를 통해 반추위 발달								

비육단계		번식우								분만
개월령		15	16	17	18	19	20	21	22	23
월개시체중(kg)		371.5	377.5	383.5	389.5	395.5	401.5	407.5	413.5	419.5
일당증체량(kg)		0.20	0.20	0.20	0.20	0.20	0.20	0.20	0.20	0.20
농후사료	체중대비(%)	1.00	1.00	1.00	1.00	1.00	1.00	1.00	1.00	1.00
	체중대비급여량(kg)	3.72	3.78	3.84	3.90	3.96	4.02	4.08	4.14	4.20
	실제급여량(kg)	4.50	4.50	4.00	4.00	4.00	4.00	4.80	4.80	4.80
	DM기준 CP(%)	14.00								
	DM기준 TDN(%)	71.00								
조사료	건초급여량(kg)	1.00	1.00							
	볏짚급여량(kg)	2.80	2.80	4.00	4.00	4.00	4.00	4.00	4.00	4.00
첨가제	비타민 A(kg)									
사양관리 point		BCS 조절과 분만준비								

4. 경산우 사료급여 프로그램

비육단계		포유기		임신기					분만기		
개월령		1	2	3	4	5	6	7	8	9	10
월개시체중(kg)		371	377	383	389	395	401	407	413	419	425
일당증체량(kg)		0.20	0.20	0.20	0.20	0.20	0.20	0.20	0.20	0.20	0.20
농후사료	체중대비(%)	1.00	1.00	1.00	1.00	1.00	1.00	1.00	1.00	1.00	1.00
	체중대비급여량(kg)	3.71	3.77	3.83	3.89	3.95	4.01	4.07	4.13	4.19	4.25
	실제급여량(kg)	4.80	4.80	4.00	4.00	4.00	4.00	4.00	4.80	4.80	4.80
	DM기준 CP(%)										
	DM기준 TDN(%)										
조사료	건초급여량(kg)										
	볏짚급여량(kg)	4	4	4	4	4	4	4	4	4	4
첨가제	비타민 A(kg)										
사양관리 point		농후사료 급량 급여							농후사료 급량 급여		

5. 암소비육우 사료급여 프로그램

비육단계		비육전기				비육후기						
개월령		1	2	3	4	분만	6	7	8	9	10	출하
월개시체중(kg)		425	446	467	488	509	527	545	563	581	599	617
일당증체량(kg)		0.70	0.70	0.70	0.70	0.60	0.60	0.60	0.60	0.60	0.60	
농후사료	체중대비(%)											
	체중대비급여량(kg)											
	실제급여량(kg)	5	6	7	8	9	9	9	10	10	10	
	DM기준 CP(%)	15				13						
	DM기준 TDN(%)	74				78						
조사료	건초급여량(kg)											
	볏짚급여량(kg)	2.50	2.50	2.50	2.50	2.00	2.00	1.50	1.50	1.00	1.00	
첨가제	생균제(kg)											
	중조(kg)											
사양관리 point		비육기 전환을 위해 서서히 증량 급여				첨가제를 통해 건물 섭취 최대화						

6. 소 질병 예방 프로그램

예방접종종류	접종 기준	접종대상		접종시기		접종 방법	기타
송아지 설사병 예방 혼합백신 • 로타바이러스 • 코로나바이러스 • 대장균	임신 일령	분만 전 어미소		기초	1차 : 분만 8주 전 2차 : 1차 접종 4주 후	2㎖식 근육 또 는 피하 주사	초유급여 시 어미소 유방소독 후 포유 실시
				추가	매 분만 4주 전 1회 실시		
탄저·기종저 혼합백신	연령	6개월 이상 전 두수		기초	매년 2~4월 1회	2㎖씩 피하 주사	발생 우려 지역실시
				추가	매년 방목 전 1회 실시		
호흡기질병 예방 혼합백신 • 전염성비기관염 • 소바이러스성설사 • 유행성감기 • 우합포체성 폐렴 • 헤모필러스	연령	1개월령 이상 전두수	송아지	기초	1차 : 생후 30~40일령 2차 : 1차 접종 1개월 후	1~5㎖ 씩(약제 에 따라) 피하 주사	환절기 일교 차가 10℃ 이내가 되도 록 환경조절
				추가	2차 접종 후 6개월~1년 (약제에 따라) 간격 접종		
			구입우	기초	1차 : 구매 즉시 2차 : 1차 접종 1개월 후		
				추가	송아지와 동일		
			어미소	기초	1개월 간격 2회 접종		
				추가	송아지와 동일		
세균성폐렴 예방백신	연령	구입우		기초	구매 후 2일째 1회 접종	2㎖ 근육 주사	수송열 예방
		이유송아지			이유 10일 전 1회 접종		호흡기 예방
아까바네병 예방백신	계절	가임암소		기초	매년 4~6월 1회 접종	5㎖씩 근육 주사	모기 발생 1개월 전까 지 접종 완료
유행열 예방백신	계절	6개월령 이상 전 두수		기초	매년 4~6월 1회 접종	3㎖씩 근육 주사	아까바네와 2주 간격으로 접종

7. 월별 사료비 계산

(단위 : 원/두)

월별	송아지(우) 두수	송아지(우) 사료비	육성우(우) 두수	육성우(우) 사료비	번식우 두수	번식우 사료비	소계 두수	소계 사료비	암소비육 두수	암소비육 사료비
1	2	12,852	12	968,040	31	2,473,020	45	3,453,912	8	629,280
2	2	37,366	11	872,160	33	2,669,100	46	3,578,626	8	740,736
3	2	37,366	11	881,436	34	2,732,225	47	3,651,026	8	852,192
4	3	41,038	10	802,080	35	2,822,351	48	3,665,468	8	963,648
5	4	74,731	10	795,084	36	2,893,390	50	3,763,205	8	1,120,320
6	4	74,731	11	818,904	37	2,962,942	52	3,856,577	8	1,120,320
7	3	71,059	12	876,072	40	3,215,719	55	4,162,851	8	1,105,920
8	3	41,038	13	950,064	40	3,187,231	56	4,178,333	8	1,224,000
9	3	71,059	12	904,632	41	3,286,758	56	4,262,449	0	–
10	3	41,038	12	881,364	42	3,367,340	57	4,289,742	0	–
11	3	71,059	11	827,556	43	3,468,497	57	4,367,112	0	–
12	2	37,366	11	781,020	44	3,549,079	57	4,367,465	0	–

월별	송아지(♂) 두수	송아지(♂) 사료비	육성우(♂) 두수	육성우(♂) 사료비	비육전기(♂) 두수	비육전기(♂) 사료비	비육후기(♂) 두수	비육후기(♂) 사료비	비육우 전체 두수	비육우 전체 사료비
1	0	0	7	365,616	0	–	0	–	15	994,896
2	2	7,344	5	294,984	0	–	0	–	15	1,043,064
3	2	18,360	3	184,536	0	–	0	–	13	1,055,088
4	1	3,672	4	206,352	0	–	0	–	13	1,173,672
5	3	16,524	2	94,176	0	–	0	–	13	1,231,020
6	3	22,032	3	142,992	0	–	0	–	14	1,285,344
7	3	16,524	5	253,440	0	–	0	–	16	1,375,884
8	4	25,704	4	181,080	0	–	0	–	16	1,430,784
9	3	22,032	6	293,256	0	–	0	–	9	315,288
10	3	16,524	7	356,616	0	–	0	–	10	373,140
11	3	22,032	6	309,528	0	–	0	–	9	331,560
12	3	16,524	7	365,616	0	–	0	–	10	382,140

8. 노동력 이용 계획

(단위 : 시간/두)

월별	구분							
	번식우	사료 조리 및 급여	야생초 예취/운반	방역 치료 및 손질	구매 및 판매	청소(분뇨 제거 등)	기타	총 노동력 투하량
1	45	51.83	0.27	9.55	1.61	21.75	17.62	102.62
2	46	47.85	0.25	8.82	1.48	20.08	16.27	94.75
3	47	54.13	0.28	9.98	1.68	22.71	18.40	107.18
4	48	53.50	0.28	9.86	1.66	22.45	18.19	105.93
5	50	57.58	0.30	10.62	1.78	24.16	19.58	114.02
6	52	57.96	0.30	10.68	1.80	24.32	19.70	114.76
7	55	63.34	0.33	11.68	1.96	26.58	21.53	125.42
8	56	64.49	0.33	11.89	2.00	27.06	21.93	127.70
9	56	62.41	0.32	11.51	1.93	26.19	21.22	123.58
10	57	65.65	0.34	12.10	2.03	27.55	22.32	129.98
11	57	63.53	0.33	11.71	1.97	26.66	21.60	125.79
12	57	65.65	0.34	12.10	2.03	27.55	22.32	129.98
계		707.91	3.65	130.51	21.93	297.05	240.67	1401.72

월별	비육우	사료 조리 및 급여	야생초 예취/운반	방역 치료 및 손질	구매 및 판매	청소(분뇨 제거 등)	기타	총 노동력 투하량
1	15	18.96	0.00	3.36	0.88	7.11	3.82	34.13
2	15	17.12	0.00	3.04	0.79	6.42	3.45	30.83
3	13	16.43	0.00	2.91	0.76	6.16	3.31	29.58
4	13	15.90	0.00	2.82	0.74	5.96	3.21	28.62
5	13	16.43	0.00	2.91	0.76	6.16	3.31	29.58
6	14	17.12	0.00	3.04	0.79	6.42	3.45	30.83
7	16	20.22	0.00	3.59	0.94	7.58	4.08	36.41
8	16	20.22	0.00	3.59	0.94	7.58	4.08	36.41
9	9	11.01	0.00	1.95	0.51	4.13	2.22	19.82
10	10	12.64	0.00	2.24	0.59	4.74	2.55	22.75
11	9	11.01	0.00	1.95	0.51	4.13	2.22	19.82
12	10	12.64	0.00	2.24	0.59	4.74	2.55	22.75
계	942.58	189.69	0.00	33.65	8.80	71.13	38.24	341.52

9. 인건비 계산

(단위 : 천 원/시간)

월별	구분					
	총소요 인력(시간)	가족노동 (시간)	고용노동 (시간)	자가노동비 (천 원)	고용노동비 (천 원)	계(천 원)
1	136.75	372.00	–	1,093.99	–	1,093.99
2	125.57	336.00	–	1,004.59	–	1,004.59
3	136.76	372.00	–	1,094.07	–	1,094.07
4	134.55	360.00	–	1,076.43	–	1,076.43
5	143.60	372.00	–	1,148.80	–	1,148.80
6	145.58	360.00	–	1,164.66	–	1,164.66
7	161.83	372.00	–	1,294.62	–	1,294.62
8	164.11	372.00	–	1,312.86	–	1,312.86
9	143.40	360.00	–	1,147.21	–	1,147.21
10	152.74	372.00	–	1,221.89	–	1,221.89
11	145.61	360.00	–	1,164.86	–	1,164.86
12	152.74	372.00	–	1,221.89	–	1,221.89
계	1,743.23	4,380.00	–	13,945.88	–	13,945.88

10. 분뇨처리

(단위 : 천 원)

구분	D	D+1	D+2	D+3	D+4
총마리수(두)	67	66	71	122	203
연간 분뇨생산량(kg)	357,043	351,714	378,359	650,138	1,081,787
연간 깔짚 사용량(㎥)	109	107	115	198	329
우분 총량(t)	587	578	622	1,069	1,778
톱밥 구입비(천 원)	272	268	288	495	823
우분 판매액(천 원)	587	578	622	1,069	1,778
수입예상액(천 원)	315	310	334	574	955

구분	값	구분	값
분뇨생산량(일/두/kg)	14.6	사육면적(두/㎡)	12.5
분뇨 수분함량(%)	80	깔짚 두께(cm)	5
깔짚 소요량(㎥/두/년)	1.622	퇴비판매액(t/천 원)	50
깔짚 수분함량(%)	30	우분 생산량(일/두/t)	0.024
교체회수(년/회)	6	깔짚 가격(t당/천 원)	10
목표 수분량(%)	75	깔짚 무게(㎥/t)	0.25

1. 생산 계획

가. 연도별 생산 계획

(단위 : 천 원)

년도 구분	D	D+1	D+2	D+3	D+4
입식량(천마리)	250	250	250	250	250
생산비(천 원)	2,093,040	2,141,031	2,190,292	2,240,859	2,292,769
생산량(천마리)	203	205	207	209	211
단가(원/마리)	12,000	12,000	12,000	12,000	12,000
조수입(천 원)	2,187,000	2,280,420	2,377,477	2,478,305	2,583,043

년도 구분	D+5	D+6	D+7	D+8	D+9
입식량(천마리)	250	250	250	250	250
생산비(천 원)	2,346,058	2,400,766	2,456,930	2,514,592	2,573,794
생산량(천마리)	213	215	217	219	221
단가(원/마리)	12,000	12,000	12,000	12,000	12,000
조수입(천 원)	2,841,381	2,960,653	3,084,524	3,213,162	3,346,743

나. 생산 방법

◆ 상품 생산

품종 \ 구분	수조 크기(㎡) (길이 × 너비 × 높이)	양식방법	생존율(%)	사육기간(년)	비 고
뱀장어	50 × 32 × 2	지수식	85	1	500g

◆ 양성 관리

구분 발달단계	사육수량 (톤)	사육 미수 (마리/100평)	총 급여량 (kg/일)	급여 횟수 (회/일)	환수율 (%)
실뱀장어	25	200,000	20	2	80
흑만	35	50,000	30	2	15
치만	40	30,000	40	2	10
성만	50	25,000	50	2	10

다. 수확 및 출하

품종	방법
뱀장어	• 수확 및 출하 　– 뱀장어 성장주기에 맞추어 체계적 출하 　– 양식장에서 출하량을 수확하여 축양장에서 1일 동안 보관 　　(출하 시 생존율 제고 및 흙냄새 제거) • 포장 　– 포장 용기 이용, 산소 포장 　– 주의사항 : 포장 용기가 터지지 않도록 주의한다

라. 세부 생산 절차

구분	성장 및 작업		외 작업	내용
1월	500마리/kg	첫 분조	사료 급여 및 시설 점검 선별 및 출하 (연중 생산)	선별 후 사육지 청소 및 항생제 약욕 혹은 소금 처리 출하 후 청소 및 기기 점검 창고 정리 청소 재고 정리
2월				
3월				
4월	10마리/kg	선별		
5월				
6월	7마리/kg	선별		
7월				
8월	5마리/kg	출하 시작		
9월				
10월				
11월	치어 구매 (2월 이내)	실뱀장어 입식		사육지 청소 및 내부 수리 점검
12월				

2. 생산비 계획

가. 노동비

(1) 자가 노동비

(단위 : 천 원)

구분 / 년도	남 기간(일)	남 인건비	소계 기간(일)	소계 인건비
D	365	32,850	365	32,850
D+1	365	33,836	365	33,836
D+2	365	34,851	365	34,851
D+3	365	35,896	365	35,896
D+4	365	36,973	365	36,973
D+5	365	38,082	365	38,082
D+6	365	39,225	365	39,225
D+7	365	40,401	365	40,401
D+8	365	41,613	365	41,613
D+9	365	42,862	365	42,862

(2) 고용 노동비

(단위 : 천 원)

구분 / 년도	남 인원	남 기간(일)	남 인건비	인건비 소계
D	2	365	65,700	65,700
D+1	2	365	67,671	67,671
D+2	2	365	69,701	69,701
D+3	2	365	71,792	71,792
D+4	2	365	73,946	73,946
D+5	2	365	76,164	76,164
D+6	2	365	78,449	78,449
D+7	2	365	80,803	80,803
D+8	2	365	83,227	83,227
D+9	2	365	85,724	85,724

나. 사료비

구분 년도	초기사료	백자사료	양성사료	합계
D	9,200	110,000	495,000	614,200
D+1	9,384	112,200	504,900	626,484
D+2	9,572	114,444	514,998	639,014
D+3	9,763	116,733	525,298	651,794
D+4	9,958	119,068	535,804	664,830
D+5	10,158	121,449	546,520	678,126
D+6	10,361	123,878	557,450	691,689
D+7	10,568	126,355	568,599	705,523
D+8	10,779	128,883	579,971	719,633
D+9	10,995	131,460	591,571	734,026

다. 약품 비용

구분 년도	비타민 E, C	약재	소금	소화제	합계
D	45,000	36,000	104,000	45,000	230,000
D+1	45,450	36,360	105,040	45,450	232,300
D+2	45,905	36,724	106,090	45,905	234,623
D+3	46,364	37,091	107,151	46,364	236,969
D+4	46,827	37,462	108,223	46,827	239,339
D+5	47,295	37,836	109,305	47,295	241,732
D+6	47,768	38,215	110,398	47,768	244,150
D+7	48,246	38,597	111,502	48,246	246,591
D+8	48,729	38,983	112,617	48,729	249,057
D+9	49,216	39,373	113,743	49,216	251,548

6. 재무계획

① 작성기간 : 5개년 계획(단, 5년이상 재배하는 작물의 경우 수확시기까지 계획 수립)
② 작성기준 : 농업회계처리 모범(례)(2007년)을 준용하되, 가계와 농장의 분리를 가정하여 자가노동비를 급여항목에 포함하여 회계처리
③ 영농자재와 임금은 농가 구매가격지수 및 농촌임료금의 평균증가율을 적용(농림축산식품주요통계)
④ 감가상각방법 : 정액법

1) 재무상태 조사

창업계획을 수립하는 데에 있어 마지막 단계로 농·어장의 재무계획을 작성해야 하는 데 재무계획을 수립하기 위해서는 가장 먼저 특정한 시점(예를들면 2018년 12월 31일)의 농·어장의 자산, 부채, 자본에 대한 재무상태를 확정해야 한다.

가. 자산

자산은 농어업 경영에 활용되는 것으로서 화폐단위로 측정될 수 있는 농어가 소유의 일체의 경제적인 자원으로 부채를 포함하여 조달된 자본으로 구매한 토지, 건물, 원재료 및 제품 등의 구체적인 형태를 말한다.

자산은 **1년을 기준으로 유동자산과 비유동자산으로 분류**하는 데 1회의 사용으로 그 가치의 전부가 소모되지 않고 1년 이상 농어업 경영 활동에 이용할 수 있는 자산은 비유동자산으로 분류하고 경영활동을 수행하면서 1년 이내 빈번하게 변동되는 자산은 유동자산으로 분류한다.

① 유동자산

유동자산은 크게 당좌자산과 재고자산으로 구분되고 비유동자산은 투자자산, 유형자산, 무형자산으로 분류된다.

유동 자산	당좌자산	현금 및 현금성자산, 유가증권, 매출채권, 선급비용 등
	재고자산	생산물, 생장물, 원재료, 저장품 등
	기타 유동자산	선급금 등
비유동 자산	투자자산	조합출자금, 장기대여금, 투자부동산 등
	유형자산	토지, 설비자산, 생물자산, 성장 중인 생물자산 등
	무형자산	영업권, 산업재산권 등

당좌자산은 즉시 현금화가 가능한 자산으로 현금 및 현금성자산, 유가증권, 매출채권, 단기대여금 등이 있다.

구분	조사항목
현금 및 현금성 자산	현금 : 통화, 통화대용증권(자기앞수표, 당좌수표, 가계수표, 약속어음 등) 현금성자산 : 현금으로 전환이 쉬운 것으로 보통 만기가 3개월 이내인 유가증권
유가증권	재산권을 나타내는 증권으로서 주식, 채권 등을 의미
매출채권	농수산물의 판매와 관련되어 발생한 채권을 말하며 대표적인 형태로는 외상 매출금과 받을 어음
선급비용	일정한 계약에 따라 계속 용역用役을 제공 받을 경우, 아직 제공되지 않은 용역에 대하여 미리 지급된 비용으로 미경과 보험료 (선급 보험료), 미경과 임차료, 미경과 이자비용 등을 들 수 있음

현금이란 통화 및 통화대용증권(자기앞수표, 타인발행의 당좌수표, 가계수표, 기한이 도래한 약속어음 등)과 당좌예금·보통예금이며 현금등가물은 현금으로 전환이 쉬운 것으로 보통 만기가 3개월 이내인 유가증권 및 단기 금융상품이다.

유가증권이란 재산권을 나타내는 증권으로서 주식(지분증권), 채권(채무증권)을 말하는 것으로 만기보유증권, 단기매매증권, 그리고 매도가능증권으로 분류한다.

농·어장의 주된 영업활동(농수산물 판매 등)과 관련된 재화·용역의 판매로 보통 재고자산(생산물)의 판매와 관련되어 발생한 채권을 말하며 외상 매출금과 받을어음은 모두 **매출채권**이다.

선급비용은 손익계산상의 비용으로서 지출한 부분 중 그 비용의 귀속이 차기 이후에 이루어지는 것을 말하며 선급비용은 아직 비용화하지 못하고 이연되는 것이므로 올바른 기간 손익을 산정하려면 그 부분의 비용을 당기의 비용 항목에서 공제하고 나머지 금액을 차기로 이연시켜야 한다. 예를 들면 미경과 보험료 (선급 보험료), 미경과 임차료, 미경과 이자비용 등을 들 수 있다.

> **▣ 선급비용 사례 : 축사 임차의 경우**
> 우사를 5년 동안 사용하는 조건으로 일시금으로 1억 원을 지급하였으면 이런 경우
> 1억 원은 선급비용으로 처리하고 매년 2천만 원씩 생산원가의 임차료로 비용 처리

기타유동자산인 **선급금**은 상품, 원재료 등의 매입을 위하여 선지급한 금액으로 상품, 원재료 등의 매매에서 매매계약을 확실히 하기 위해서 미리 대금 일부를 지급하거나, 공사를 착수하거나 완성하기 전에 계약금·착수금 등으로 미리 공사대금을 지급하는 경우에 나타나는 것으로 기타유동자산으로 분류된다. 이와는 반대로 수주공사·수주품 및 기타 일반적 상거래에서 발생한 선수액을 선수금이라 하여 유동부채로 처리한다.

타인에게 현금을 대여한 때에는 채권인 대여금이 나타나는 데 대여기간이 결산일로부터 1년 이내의 것은 **단기대여금**이라 하고 1년 이상인 것은 장기대여금으로 비유동자산으로 분류한다.

재고자산은 생산 및 판매과정을 거쳐 현금화가 가능한 자산으로 정상적인 영농·영어과정에서 판매를 위하여 보유하거나 생산과정에 있는 자산 또는 생산물 그리고 영

농·영어과정에 투입될 원재료나 소모품 형태로 존재하는 자산을 말한다. 생물자산 자체로서 생산물이 되거나 생물자산으로 판매되는 소비용 생물자산은 재고자산으로 분류된다. 고기로 판매하기 위해 사육하고 있는 한우, 돼지 등과 우유, 계란과 같은 축산물과 채소, 곡류 등과 같이 자체로 소비되는 작물 및 과수로부터 수확한 과일 등이 이에 해당된다.

구분	내용
생산물	과일, 곡류, 감자, 도축 고기, 우유, 계란 등 수확 이후의 미판매 농축산물
생장물	성장 중인 소비용 생물자산
원재료	비료, 농약 등과 같이 생산물을 생산하기 위한 보유자산
저장품	소모성 자재, 공구(호미, 낫 등), 연료 등

기타 유동자산인 선급금은 상품, 원재료 등의 매입을 위하여 선지급한 금액으로 상품, 원재료 등의 매매에서 매매계약을 확실히 하기 위해서 미리 대금 일부를 지급하거나, 공사를 착수하거나 완성하기 전에 계약금·착수금 등으로 미리 공사대금을 지급하는 경우에 나타난다.

② 비유동자산

비유동자산은 투자자산, 유형자산, 무형자산으로 분류한다.

투자자산은 장기간 운용되는 자산으로 보통 결산일로부터 1년 이후에 현금화가 가능한 자산을 의미하는 것으로 조합출자금, 장기대여금, 투자부동산 등으로 분류된다. 조합출자금은 단위농협, 수협, 신용협동조합, 기타 협회 등에 출자하는 경우 투자자산 계정인 출자금 계정을 사용한다. 유동자산에 속하지 않는 장기의 대여금으로 대여기간(만기일)이 결산일로부터 1년 이상일 경우 장기대여금이라고 한다. 투자부동산은 농수산업법인경영체(영농·영어조합, 농수산업회사법인)가 정상적인 영업활동에 사용할 목적으로 보유하지 않고 투자목적으로 보유하고 있는 부동산을 말하는데 영업활동에 사용 중인 토지, 건물 등은 유형자산에 속하지만, 투자목적으로 보유하는 토지, 건물 등은 투자부동산으로 분류한다.

유형자산은 토지, 건물, 구축물, 기계장치 등과 같이 농수산업경영체가 장기적(통상 1년을 초과)으로 경영활동에 사용할 목적으로 보유하는 자산이며 동·식물의 경우 생산물을 생산할 목적으로 보유하되, 1년을 초과하여 사용할 것이 예상되는 생산용 생물자산은 유형자산으로 분류하여 "생물자산"으로 표시하고 사육 또는 재배(양식) 중인 경우에는 "성장 중인 생물자산"으로 표시하되 감가상각을 하지 않는다.

생물자산은 살아있는 동물이나 식물을 말한다. 이에 반해 '생산물'이란 생물자산으로부터 성장 과정이 자연적 또는 인위적인 방법에 의해 중지되거나 분리된 상태의 수확물로 생물자산으로부터 획득하거나 생물자산 자체로서 판매 가능한 수확물, 즉 과수나무에서 수확한 사과, 배, 포도 등 과실과 벼, 보리와 같은 곡물 및 살아있는 가축으로부터 얻은 계란, 우유, 양털, 도축한 고기 등을 말한다.

'생산용 생물자산'은 수확물을 생산하기 위해 보유하고 있는 자산을 말한다. 즉 생물자산 자체로서 농어업 생산물이 되는 것이 아니라 우유 생산을 위해 사육하고 있는 젖소, 계란을 생산하기 위한 산란계, 양털 생산을 위해 사육하고 있는 양, 과일을 생산하기 위해 재배하고 있는 포도·사과·배나무 등과 같은 과일나무를 말한다.

이에 비해 '소비용 생물자산'은 생물자산 그 자체로 생산물이 되거나 생물자산으로 판매될 자산을 말한다. 소비용 생물자산의 예로는 고기로 판매될 육우·돼지 등 가축과 판매용 가축(송아지, 자돈 등), 양식용 어류, 벼·옥수수·감자와 같은 1년생 곡물, 목재로 사용될 나무 등이 여기에 포함된다.

특히 가축의 경우 어린 송아지를 사육하더라도 젖소를 키우는 목장에서 우유를 생산하기 위한 목적이라면 생산용 생물자산으로 분류되는 반면, 판매를 목적으로 보유하고 있는 송아지라면 소비용 생물자산으로 구분할 수 있다.

　그러므로 생산용 생물자산과 소비용 생물자산의 구분은 살아있는 동물 또는 식물을 보유하고 있는 목적이 무엇이냐에 따라 분류한 것으로 인식하면 된다.

　생물자산은 성숙했느냐 아니면 성장 중에 있는가에 따라 두 가지로 계정을 분류하고 있는데 유형자산으로 분류되는 생물자산 중 묘목을 심은 후 현재 자라고 있는 과일나무나 어린 소와 같이 크고 있는 가축의 경우와 같이 육성 중인 동물이나 식물은 '성장 중인 생물자산' 계정으로 구분하고 이렇게 자라고 있는 동물이나 식물이 성장해서 정상적으로 우유 또는 과일 생산이 가능한 용역기(정상적으로 생산이 가능한 때)에 있는 시점에서는 당초 분류되었던 성장 중인생물자산 계정과목을 생물자산 계정과목으로 대체한다.

　농업에서 성장 중인 생물자산은 기업회계 기준서에서 '건설 중인 자산'과 거의 유사하다. 현재 건물을 짓고 있는 상태의 건설 중인 자산과 같이 성장 중인 생물자산에 대해서는 감가상각을 하지 않는다. 그러나 생물자산 계정으로 대체된 후부터는 정상적인 생산이 되고 있는 자산이므로 경제적 내용년수에 걸쳐 감가상각하여야 한다. 예를 들면 사과를 수확하고 있는 사과나무는 유형자산의 생물자산으로 분류하며 생산시기에 있지 않은 성장 중인 묘목에 대해서는 성장 중인 생물자산으로 분류한다.

● **생물자산의 분류**

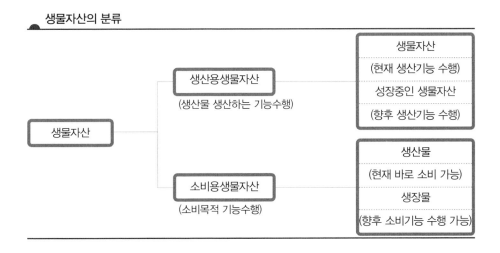

유형자산으로 분류되는 생물자산의 취득원가는 취득과정에서 발생한 운반비, 수수료 등의 부대비용이 포함된 매입가격에 성장 기간 발생한 비용을 가산한 금액이다.

성장 중인 생물자산의 유지·관리를 위하여 정상적으로 발생한 비용은 취득원가에 가산하고 생산활동을 하는 생물자산의 유지·관리를 위하여 발생한 비용은 생산물의 생산원가에 산입한다. 예를 들면 과수묘목을 구매하여 입식하는 경우 묘목구입액, 묘목운반비, 묘목을 심는 인건비, 비료비, 농약비, 기타 묘목을 심어 정상적으로 생산 가능한 시점까지 추가로 발생한 정상적인 비용은 성장 중인 생물자산의 가액에 포함해야 한다. 즉, 묘목이 성장하여 정상적으로 과일을 생산하는 시점까지 발생한 정상적인 비용은 취득원가에 가산하고 그 후 발생하는 비용은 생산물의 원가를 구성하도록 한다.

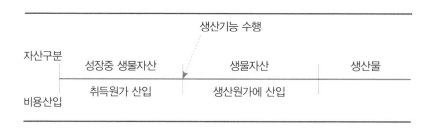

③ 무형자산

무형자산은 영업권, 산업재산권 등과 같이 물리적 실체가 없는 자산으로서 식별할 수 있고 경제적 효익이 있는 법률상의 권리 또는 경제적 권리를 나타내는 자산이다. 영업권은 다년간의 영업활동에서 생기는 영업상 재산적 가치를 말한다. 산업재산권은 법률에 따라 일정 기간 독점적·배타적으로 이용할 수 있는 권리로서 특허권, 실용신안권, 의장권 및 상표권 등으로 구성되어 있다.

나. 부채

부채는 농어가가 타인에 대하여 지급해야 할 의무를 진 각종의 채무를 말하며 예를 들면 차입금, 외상매입금 등을 의미하고 단기간(1년) 내에 갚아야 하는 유동부채와 1년을 초과하여 장기간에 걸쳐 갚아야 하는 비유동부채(고정부채)로 구분한다.

유동부채	외상매입금, 단기차입금, 출하선수금 등
고정부채	장기차입금, 퇴직급여충당금 등

① 유동부채

외상매입금은 농어업법인의 정상적인 영업 활동과정(농수산물 판매 등)에서 발생한 매입채무를 말하는 데 일상적인 상거래가 아닌 유형자산 등의 취득과 관련하여 발생한 채무는 미지급금으로 분류한다. 단기차입금은 결산일로부터 1년 이내에 상환할 차입금을 말한다. 출하선수금은 개인 농어가나 농어업법인이 판매대금 일부로 출하선수금을 지급받고 1년 이내에 판매해야 한다면 유동부채로 분류하고 결산일로부터 1년 이상이면 고정부채로 분류한다.

② 고정부채

대차대조표일 이후 1년 이내에 지급되지 않으리라고 예상하는 채무를 말하는 데 장기차입금, 퇴직급여충당금 등이 있다. 장기차입금은 대차대조표 일로부터 1년 이후에 상환될 차입금이며, 퇴직급여충당금은 종업원의 퇴직 시 지급되는 퇴직금을 예상하여 설정되는 준비액을 말한다.

다. 자본

자본은 자산에서 부채를 뺀 나머지 금액으로 순수한 의미에서 출자자 자산이나 자기자본이라고도 하며 자본은 자본금, 자본잉여금, 이익잉여금으로 구분된다.

투자 계획상의 자금조달 원천 중 보조금의 경우에는 자본잉여금으로 처리하고 소득보전 차원의 보조금(예 : 직불금 등)은 손익계획상의 영업 외 수익으로 처리한다.

자본금	출자자 또는 주주가 법인에 납입한 금액
자본 잉여금	영업활동이 아닌 자본거래에 따라 발생한 잉여금 (액면가보다 높은 금액으로 유상증자한 경우 주식의 액면 가액을 초과한 금액)
이익 잉여금	농장에서 벌어들인 이익 중 처분하지 않은 이익의 누계액

2) 생산원가 계획

① 생산한 농수산물의 매출원가를 산정하기 위하여 손익계산서의 부속명세서로 생산물의 생산원가명세서를 작성한다.

② 생산원가는 재료비, 노무비 및 경비로 구분하여 작성한다.

③ 농 · 어장 경영주(가족포함)의 자가노동비는 급여 항목에 포함한다.

가. 생산원가의 정의

생산원가명세서는 농·어장 경영주가 자신이 생산한 농수산물의 단위당 원가를 파악하고 이를 통해서 합리적인 농·어장 경영계획을 수립하기 위해 작성하는 것으로 **농수산물의 생산과 관련하여 발생한 직접비용 및 간접비용을 체계적으로 정리하여 기록하는 것으로 당해 사업연도에 발생한 생산원가를 재료비, 노무비, 경비로 구분 집계하며 당기 생산물에 대한 생산원가를 체계적으로 집계한 명세서다.**

나. 생산원가의 계정과목

재료비의 경우 축산부문의 사료는 생산원가에서 차지하는 비중이 높으므로 재료비로 구분하는 것이 적정하며 작물재배업의 경우에는 종자 및 종묘, 비료, 농약 비용 등이 해당할 수 있다.

노무비의 경우 농어업 경영체가 직원(정규직)에게 지급하는 급여, 상여금, 퇴직급여 및 일용직에게 일당으로 지급하는 잡급으로 분류하며 개인 농어업 경영체의 농·어장 경영주와 가족노임은 노무비의 급여 항목에 포함한다.

경비의 경우 재료비와 노무비 이외에 농·어장에서 농수산물 생산과 관련하여 발생한 영농·영어광열비(가정용 제외), 감가상각비(대농기구, 영농·영어시설), 수선비, 임차료(토지 및 대농기구, 영농·영어시설), 위탁영농비, 기타 요금 등으로 구성된다.

경비 항목 중 감가상각비는 농어업 시설이나 농기계가 시간의 흐름이나 사용으로 인한 마모 등으로 자산가치가 저하되므로 자산가치가 감소된 만큼 장부가격에서 공제해주는 것을 의미하는 데 감가상각비 계산을 위해서는 취득가액, 감가상각방법, 내용년수, 잔존가치가 결정되어야 한다. 내용년수는 정상적인 작업 조건 아래에서 통상적인 수준의 손질과 수리를 할 경우 본래 기능을 정상적으로 수행할 수 있을 것으로 보는 기간을 말하며 감가상각방법에는 정액법, 정률법, 생산량비례법이 있다.

● 농업용 시설 장비 등의 내용년수 및 잔존가치(예시)

구분			내용 년수	잔존 가치율
수리구축물	소형관정		10년	없음
	과수지주	목조철재	8년	없음
대농기구	원동기	동력경운기	6년	10%
		트랙터	8년	10%
	경운정지	트랙터로터리	8년	10%
	양수	양수기	8년	10%
	시비파종	벼논직파기	5년	10%
	이앙	동력이앙기	5년	10%
	방제	동력분무기	8년	10%
	수확조제	콤바인	5년	10%
	운반	화물자동차	5년	10%
영농시설물	건물	주택, 창고 등	20년	없음

● 정액법에 의한 감가상각비 계산방법(예시)

취득가액 : 700,000원, 내용년수 : 5년, 잔존가치율 : 10%,
감가상각방법 : 정액법

	연초(A)	감가상각액(B)	연말(C)(C = A − B)
1차년도	700,000	(700,000 − 70,000)/5 = 126,000	574,000
2차년도	574,000	126,000	448,000
3차년도	448,000	126,000	322,000
4차년도	322,000	126,000	196,000
5차년도	196,000	126,000	70,000
		630,000	

임차료와 수선비를 계상하는 방법은 토지임차료의 경우 해당 지역의 단위면적당 임차료에 임차면적을 적용하여 산출하고 기계 및 시설임차료는 단위기간당 임차료에 임차기간을 적용하며 기계장비 등의 수선비는 구매가격에 일정비율을 곱하여 산출한다.

● 임차료 및 수선비 산출방법

	산출방법
토지임차료	토지임차료 = 단위면적당 임차료 × 임차면적
기계 및 시설임차료	임차료 = 단위기간당 임차료 × 임차기간
수선비	예시 : 기계장비 등의 구매가격의 6% (농촌진흥청, 2007)

다. 생산원가의 작성방법

생산원가는 크게 재료비, 노무비, 경비의 계정과목으로 구성되어 있다. 재료비는 영농·영어 자재 소요계획의 산출결과를 반영하여 작성하고 노무비는 노동력 소요계획의 인건비 계산결과를 적용하며 경비는 계정과목별로 산출하여 반영한다.

● 생산원가 산출방법

No.	작성내용
1	재료비 : 영농·영어 자재 소요계획의 산출결과를 반영하여 작성 　－ 당기재료비 = 기초재료재고액 + 당기재료매입액 − 연말재고액
2	노무비 : 급여, 상여금, 퇴직급여, 잡급(고용노동비)
3	경비 산출
4	당기총생산원가 = 재료비 + 노무비 + 경비
5	기초 생장물 재고액 = 전기말 생장물 재고액
6	합계 = 당기 총 생산원가 + 기초 생장물 재고액
7	기말 생장물 재고액 : 다음 해 이월되는 생장물 재고액
8	타계정대체액 : 생장물을 유형자산 등으로 대체한 금액
9	당기생장물생산원가 = 합계 − 기말생장물재고액 − 타계정대체액

사례 : 경비계획

1. 경비계획 작성기준

	항목	기준	비고
작성기준	대농기구 수선비	6%	
	영농시설 수선비	0.5%	
	광열 동력비(원/트레이)	518	
	토지 임차료(원/㎡)	492	
	경기도 시설 부추 토지 임차료(원/10a)	491,508	
	물가상승률	2.5%	

2. ○○○○년 경비계획

과목	금액(천 원)	산출근거	비고
1. 수선비	1,245		
대농기구	1,140	구매금액의 6% 적용	
영농시설	105	구매금액의 0.5% 적용	
2. 수도 광열비	566	강원도농업기술원 산채연구분소 적용	
광열·동력비	566	물가상승률(2.5%) 반영	
3. 감가상각비	3,600	감가상각비계획 참조	
영농시설	1,890		
대농기구	1,710		
4. 임차료	−	2015년 지역별 농산물소득자료 기준	
대농기구		물가상승률(2.5%) 반영 산출	
토지	−		
5. 위탁영농비		농축산물소득자료집(농촌진흥청) 적용	
6. 소농구비		호미, 낫 등 소농구 구매비	
7. 기타경비		보험, 조세공과금(재산세 : 0.7/1000) 등	
합계	5,411		

3. ○○○○년 감가상각비계획

구분	영농시설			대농기구	
	육묘장	관수시설	계	트럭	계
취득가격(천 원)	20,000	1,000	21,000	19,000	19,000
잔존가치율(%)	0	0		10	10
내용년수(년)	10	10		10	
사용연수(년)	1	1		1	
감가상각비(천 원)	1,800	90	1,890	1,710	1,710
감가상각누계(천 원)	1,800	90	1,890	1,710	1,710
장부가격(천 원)	18,200	910	19,110	17,290	17,290

3) 손익계획

경영에 대한 기록을 분석하는 것은 영농·영어를 얼마나 효율적으로 수행하였는가를 나타낼 뿐만 아니라 농·어장이 안고 있는 강점과 약점을 파악할 수 있다는 측면에서 매우 중요하다. 재무제표財務諸表 : Financial Statements란 일정 기간(사업연도)의 경영성과와 특정 시점의 재무상태를 나타내주는 보고서로 결산을 통해 작성되는 서류라는 의미에서 결산서라고도 한다. 이러한 **재무제표에는 대표적으로 손익계산서, 대차대조표, 현금흐름표**가 있다.

가. 손익계산서P/L : Profit-Loss Statement의 개념

손익계산서는 농·어장의 일정기간 동안의 경영성과를 나타내는 보고서로 일정 기간 실현된 수익에서 발생된 비용을 차감하여 당기순이익을 산출하는 과정을 나타내는 표이다.

나. 손익계산서 작성방법

매출액은 주산물과 부산물을 합한 금액을 표시하고 매출원가는 생산원가명세서의 당기생산물생산원가 금액을 표시하며 판매비는 판매처별로 발생하는 비용(예 : 운반비, 포장비, 위탁수수료 등)을 반영하여 작성하되, 구체적인 산출근거를 표시한다.

	계정과목	산출근거
직거래	운반비	판매량/회 × 운반비(택배비)/회 × 연간 운반횟수
	포장비	총판매량/단위당 포장량(포장 개수) × 단위당 포장비용

또한, 영업외수익은 이자수익, 조합배당금, 보조금(투자시설보조가 아닌 소득보전) 등을 표시하고 영업외비용은 융자받은 자금에 대한 이자비용 등을 표시한다.

손익계산서 작성절차

No.	항목	항목 내용
1	매출액	농수산물 등을 판매한 금액
2	매출원가	판매한 농수산물의 생산원가
3	매출총이익	매출액 − 매출원가
4	판매비와 관리비	농수산물 등을 판매 또는 관리하면서 발생한 비용
5	영업이익	매출총이익 − 판매관리비
6	영업외수익	예금 등에 대한 이자와 배당금, 보조금 등
7	영업외비용	부족한 자금을 차입하면서 부담하는 이자 등
8	경상이익	영업이익 + 영업외수익 − 영업외비용
9	법인세 등	법인세·주민세·농어촌특별세 등
10	당기순이익	법인세차감전순손익 − 법인세

4) 추정대차대조표

가. 대차대조표B/S : Balance Sheet의 개념

대차대조표는 특정 시점에 농·어장의 재무상태를 나타내는 표로서 결산일 시점에서 농어업 경영체가 보유하고 있는 **자산, 부채, 자본의 잔액을 나타낸 재무보고서**이다.

또한, 대차대조표는 특정 시점에 있어 농·어장의 자산 상태와 자산을 보유하기 위해 자금을 어떻게 조달하였는 지를 보여주는 보고서로 대차대조표의 왼쪽(차변)에 자산, 오른쪽(대변)에 부채와 자본을 표시하는 데 자산의 합과 부채와 자본을 더한 합은 항상 같다(대차균형의 원리 : 자산 = 부채 + 자본).

나. 대차대조표 작성원칙

① 구분표시

대차대조표를 자산·부채·자본으로 구분하고 자산은 유동·고정자산으로, 부채는 단기·장기부채, 자본은 자본금·자본잉여금·이익잉여금·자본조정으로 각각 구분한다.

② 총액표시

자산·부채·자본은 총액으로 기재함을 원칙으로 하고 자산항목과 부채 또는 자본 항목과를 상계함으로써 그 전부 또는 일부를 대차대조표에서 제외해서는 안 된다.

③ 1년 기준

자산과 부채는 1년을 기준으로 하여 구분하는 데 자산은 유동·고정자산으로, 부채는 단기·장기부채로 구분하는 것을 원칙으로 한다.

④ 유동성 배열법

대차대조표에 기재하는 자산과 부채의 항목 배열은 현금화가 쉬운 순서에 따라 배열하는 유동성 배열법에 의함을 원칙으로 한다.

⑤ 거래의 구분

자본거래에서 발생한 자본잉여금과 손익거래에서 발생한 이익잉여금은 혼합하여 표시해서는 안 된다.

⑥ 이연처리

미래의 수익과 관련이 있는 특정한 비용(연구개발비 등)은 차기(사업화) 이후의 기간에 배분하여 비용으로 처리하기 위하여 대차대조표에 자산으로 기재할 수 있다.

5) 현금흐름계획

가. 현금흐름표Cash Flow의 개념

현금흐름표는 일정한 기간 내에 현금이 들어오고(현금 조달) 나가는(현금 지출) 것을 계산하여 현금사정을 파악하기 위해 작성하는 표이다.

나. 작성목적

전문농어업경영인은 현금이 언제 얼마나 필요한지를 사전에 파악하여 필요한 시기에 필요한 현금을 조달할 수 있도록 대책을 마련해나가기 위하여 현금흐름표를 작성하는 것이다.

다. 구성요소

현금흐름표는 현금이 유입되는 조달 부분과 현금이 지출되는 지출 부분으로 분류된다.

현금조달부분은 현금이 유입되는 것으로 농수산물 및 부산물 판매금액, 타인 자금의 차입, 정부(지자체)에서 지원하는 보조금, 이자수익, 임대수익, 농·어장의 자산매각대금, 현금/예금(영농·영어 착수금) 등이 포함된다.

현금지출부분은 현금이 지출되는 것으로 채무의 원리금상환액, 영농·영어자재 구입금액, 고용노동력의 노임, 생산원가 중 경비(감가상각비 제외), 토지 및 시설장비 구입금액, 판매비(운반비, 포장비 등)이 있다.

라. 현금흐름표와 손익계산서의 차이점

농·어장을 경영하는 목적은 높은 소득을 올리는 것으로 소득을 올리려면 자금(현금)이 필요하고 영농·영어 규모가 확대되면 소요자금도 증가한다. 이처럼 자금과 소득활동이 밀접한 관계를 맺고 있기 때문에 농·어장의 손익계산과 현금흐름을 혼동하는 경우가 있는 데 그 차이점을 분명히 인식할 필요가 있다.

현금흐름표는 현금의 조달과 지출상황을 파악하기 위해 작성하는 것으로 영농·영어의 수익성을 나타내는 손익계산과 다른 데 그 차이점을 살펴보면 현금흐름표는 오직 현금흐름만을 고려하고 현금이 아닌 현물소득이나 비용은 고려하지 않는다.

손익계산서에는 포함되나 현금흐름표에는 불포함	현금흐름표에는 포함되나 손익계산서에는 불포함
1. 감가상각비용	1. 자산의 구매비용
2. 자산 재평가액	2. 개인계좌(예금)
3. 농어가에서 소비된 농수산물	3. 현금
4. 노임형태로 지급한 현물 등	4. 원리금 상환

마. 작성방법

현금흐름표의 작성순서는 가장 먼저 조달 가능한 자금(현금)을 추정하고 지출 부분의 우선순위는 현금지출 및 원리금 상환액을 공제하고 그다음 영농·영어자재, 노임 등 경영비를 공제한 후 나머지 자금으로 시설 및 장비투자 구매에 충당한다.

현금흐름표의 지출 부분 중 농지, 시설, 농기계 등의 투자는 원리금상환계획의 원금상환액을 반영하고 이자는 손익계획의 영업외비용 중 이자비용을 반영하며 당기총

생산원가 중 감가상각비는 현금지출과 관련이 없으므로 제외하고 판매비와 일반관리비는 손익계산서의 판매비와 관리비의 금액을 적용한다.

현금흐름표의 조달 부분은 농수산물 판매금액은 손익계산서의 매출액을 반영하고 영업 외 수익은 영농·영어를 통해 발생되지 않는 현금수입(농외소득, 이자수익, 보조금 등)을 계상하고 이외에도 영농·영어 착수금, 자산매각 등으로 현금이 들어오는 것이 있으면 모두 반영한다.

6) 손익분기점BEP : Break-even Point 분석

농수산물을 판매하여 얻은 매출액과 농수산물을 생산하여 판매하는 데에 소요된 총비용이 만나는 판매수량을 손익분기점이라고 한다. 즉, 매출액과 그 매출을 위해 소요된 모든 비용이 일치되는 점으로서, 투입된 비용을 완전히 회수할 수 있는 판매량이 얼마인가를 나타내준다.

가. 손익분기점을 찾아내는 방법

손익분기점은 매출액과 총비용이 만나는 점이므로 판매량을 변동시켜가며 매출액과 총비용이 만나는 점을 찾아내야 한다. 총비용은 고정비와 변동비로 구성된다.

변동비는 매출액이 증가할 때 같은 비율로 증가하는 데 농수산물을 생산하는 데 필요한 것으로 생산량에 따라 변동되는 비용을 의미한다. 예를 들면 종묘비, 비료비, 사료비, 가공비, 운반비, 농기계 유류비 등을 들 수 있다.

고정비는 생산량과 관계없이 일정하게 발생하는 비용을 말한다. 즉 생산량의 증감에 따라 변하지 않는 비용을 의미한다. 고정투자에 따른 이자비용, 시설 및 장비에 대한 감가상각비, 관리직 인건비, 제세공과금, 보험료, 수선비 등을 들 수 있다.

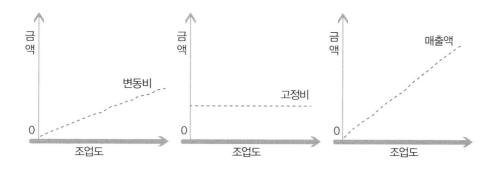

손익분기점을 구하려면 다음과 같은 공식을 이용하면 된다.

$$Q = F / (P - V)$$

Q : 손익분기점, F : 고정비용, P : 판매가격, V : 생산물 단위당 변동비

농업경영에 있어 판매량이 손익분기점보다 적을 때에는 적자이고, 손익분기점보다 클 때에는 흑자이다. 따라서 적자를 보지 않기 위한 최소한의 생산규모에 대한 정보를 제공한다. 또한 각 생산규모별 적자를 보지 않기 위한 최소한의 판매가격 수준을 알 수 있다. 즉 고정비와 변동비를 합한 총 비용을 판매량으로 나누면 판매단가가 산출된다. 판매가격이 이 판매단가 이상이 되어야 적자를 보지 않는다.

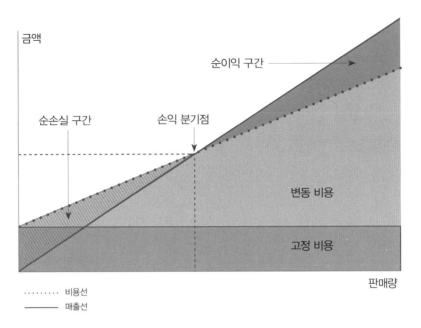

금액

순이익 구간

순손실 구간　　　　　손익 분기점

변동 비용

고정 비용

판매량

········· 비용선
───── 매출선

7) 농가소득분석

농가소득은 **"농가가 소유하고 있는 토지, 노동 및 자본이 생산활동에 참여하여 얻은 보수의 합계"**이다.

농가소득은 농업소득, 농외소득, 이전소득, 비경상소득으로 구성되어 있다.

- 농가소득 = 농업소득 + 농외소득 + 이전소득 + 비경상소득
- 농업소득 = 농업조수입(총수입) − 농업경영비
- 농외소득 = 겸업소득 + 사업이외 소득
- 겸업소득 = 겸업수입 − 겸업지출
- 사업이외 소득 = 사업이외 수입 − 사업이외 지출

농업조수입은 농작물 수입과 농작물 이외 수입으로 구분하여 파악할 수 있는 데 농작물 수입은 곡류, 채소, 화훼 및 특용작물로 구성되어 있고, 농작물 이외 수입은 축산물 등의 생산에서 얻는 수입을 말한다.

농업경영비는 농가가 농업생산을 위해 농가 외의 다른 경제주체로부터 구매하여 생산에 투입한 생산요소에 대한 지출액에 자가소유의 영농시설 및 대농기구의 감가 상각비를 합한 것을 의미한다.

◇ **농업경영비 = 농업 생산요소 지출액 + 감가상각비용**

겸업 소득은 농업 이외의 수익을 목적으로 일정한 시설 또는 자본을 가지고 행하는 사업에서 얻는 소득을 말하며 사업 이외의 소득은 노임, 임대료 수입 등을 말한다.

이전소득은 농가소유의 생산요소 즉 노동, 토지 및 자본이 생산활동에 참여한 대가로서 받은 보수가 아니라 다른 사람으로부터 이전된 소득으로 외지에 나간 자녀가 농촌에 계신 부모님에게 송금한 돈, 정부 및 기타 단체로부터 받은 보조금 등으로 구성된다. 농업경영비와 생산비의 차이점은 생산비는 농업경영비에다 자가노동비, 자가 토지용역비, 자기자본용역비를 추가한 비용이다.

농업조수입에서 농업경영비를 공제하면 농업소득을 구할 수 있고 농업조수입에서 농업 생산비를 공제하면 농업순수익이 된다.

농가소득 분석지표

구분	내용
농가소득	농가소득 = 농업소득 + 농외소득
농업소득	농업소득 = 농업조수입 − 농업경영비
농업조수입	농업조수입 = 농산물 판매수입 + 농산물 자가소비액 등
농업경영비	농업경영비는 종묘비, 비료비, 농약비 등으로 구성
농업생산비	농업생산비 = 농업경영비 + 기회비용 기회비용 = 자가노동비 + 토지용역비 + 자본용역비
농업순수익(순소득)	농업순수익 = 농업조수입 − 생산비

항목	내용
종묘비	파종한 종자나 종묘 등의 비용
비료비	투입된 무기질 및 유기질 비료의 비용
농약비	병충해 예방 및 방제에 사용한 살충제 등 농업용 약제
영농광열비	농기계 사용 및 난방에 따른 유류, 전기, 연탄 등의 소비액
수리비	농지개량조합비, 수문지기 수고료, 제방의 수리나 보수에 대한 부담금, 도수로 및 배수로의 개보수에 대한 부담금 등
제재료비	종묘, 비료, 농약, 광열동력비를 제외한 모든 재료의 비용
대농기구 상각비	각종 대농기구에 대한 감가상각비용 금액
영농시설 상각비	주택, 창고 등의 영농시설에 대한 감가상각비용
수선비	대농기구 및 영농시설의 수리·유지를 위해 투입된 비용
임차료	대농기구, 영농시설, 토지 등을 실제 임차하여 지급한 금액
위탁영농비	농산물 생산과정 중 일부 작업을 다른 사람에게 위탁한 경우의 비용
고용노동비	농산물 생산을 위해 투입된 고용노동력의 용역비용
조성비	과수원 등의 개원비에 육성비용을 합산하고 내용년수로 나누어 분할한 비용

8) 농·어장 경영분석

농·어장 경영주는 재무제표를 작성하여 농·어장 경영상태를 진단하고 대응전략을 수립할 수 있어야 한다. 재무제표의 주요 세부 항목 간의 상호관계나 비율 등을 분석함으로써 농·어장 전체적인 재무구조나 경영성과를 파악할 수 있다.

가. 농·어장의 손익 및 재무구조

대차대조표와 손익계산서를 구성하는 항목별 구성비율을 계산하기 위하여 대차대조표에서는 총자산과 총자본을 100%로 하여 각 세부 항목별 구성비를 손익계산서에서는 매출액을 100%로 하여 각 세부 항목별 구성비를 계산하여 농어·장의 전반적인 손익이나 재무구조를 이해하여야 한다. 각 세부 항목별 구성비가 큰 비목은 농어업 경영에 영향을 크게 미치는 민감한 요소가 되므로 농·어장주는 민감한 요인을 사전에 파악하고 민감한 자원의 가격변동 등을 예의 주시하고 사전 대비책을 강구하는 등 특별관리를 할 필요가 있다. 그리고 이러한 요소들에 대한 비용을 경감할 수 있도록 기술개발이나 경영개선 등을 위한 연구를 강화할 필요가 있다. 개별 농·어장의 재무제표를 선도 농·어장과 비교해보면 감정과 약점이 나타난다. 선도 농·어장보다 부족한 부문은 그 원인을 집중적으로 공략하여 그 원인을 분석하고 앞서가는 경영기법이나 기술을 벤치마킹할 수 있도록 하는 자료로도 활용할 수 있다.

나. 주요지표 분석

연도별 추정 재무제표에 대한 지표분석을 통해 농·어장의 운영상태를 예상하고 향후 농·어장경영에 참고할 수 있다. 이를 위한 지표분석은 연차별 추정 재무제표에 근거하여 농·어장의 성장과 퇴보를 분석하기 위한 성장성 지표, 농·어장의 안정적 운영을 나타내는 안정성 지표, 농·어장의 수익능력을 나타내는 수익성 지표와 생산성을 나타내는 지표를 분석함으로써 가능하다.

① 성장성 지표

성장성 지표는 농·어장의 규모가 어느 정도 성장하고 있는가를 나타내는 지표이다.

매출액증가율(%) = (당기매출액 − 전기매출액)/전기매출액 × 100

총자산증가율(%) = (당기말총자산 − 전기말총자산)/전기말총자산 × 100

자기자본증가율(%) = (당기말자기자본 − 전기말자기자본)/전기말자기자본 × 100

예를 들면 농·어장에서 생산한 농수산물이 잘 판매되면 매출액이 증가하여 매출액증가율이 높아지고 수요에 맞추어 생산을 늘려야 하기에 생산을 위한 자산이 확대되어 총자산 증가율이 상승한다. 생산설비를 늘리기 위하여 소요자금을 부채로 조달하면 부채증가율이 올라가나 자기자본을 늘리게 되면 자기자본증가율이 높아진다.

② 안전성 지표

안전성이란 외부환경의 변동에도 불구하고 농·어장이 지속해서 운영 가능한가를 나타낸다. 수익성이 높다고 하여 무리하게 부채에 의존한 투자를 추진할 경우 원리금 상환 등이 어려워져 부도나 파산 등으로 망할 우려가 커진다. 따라서 수년간의 안전성 지표를 분석하여 그 추세를 살펴보아야 하며 안전성이 결여되면 그 원인(예를 들면 판매부진, 설비투자 실패, 채권회수 부진 등)을 알아내어 적절한 대책을 강구 해나가야 한다.

자기자본비율(%) = 자기자본/총자본 × 100

유동비율(%) = 유동자산/유동부채 × 100

부채비율(%) = 총부채/자기자본 × 100

자기자본비율은 총자본 중에서 자기자본이 차지하는 비율로 안전성을 측정하는 대표적인 지표다. 만일 대부분 자금을 부채로 조달한다면 이자 등 금융비용의 부담이 커서 농·어장을 안정적으로 운영하기 곤란하지만, 자기자본 비율이 높을 경우 금융비용을 적게 부담하게 되므로 안정적인 농·어장 운영이 가능하다.

유동비율은 유동자산과 유동부채의 비율로 1년 이내에 상환해야 할 부채를 1년 이내에 현금화가 가능한 자산으로 상환할 수 있는 지를 측정하는 지표이다. 유동비율이 100% 미만이면 1년 이내에 현금화가 가능한 자산이 1년 이내에 상환하여야 할 단기부채보다 적어 부채상환이 어려우므로 부도가 날 가능성이 크다.

부채비율은 부채와 자기자본의 관계를 나타내는 대표적인 안전성 지표로 일반적으로 100% 이하를 표준비율로 보고 있다.

③ 수익성 지표

수익성이란 농·어장의 수익능력을 측정하는 지표로서 주로 손익계산서에 나타나는 경상이익 또는 당기순이익을 기준으로 계산한다. 수익성 비율은 높으면 양호하다고 판단한다.

총자산경상이익율(%) = 경상이익/(기초총자산 + 기말총자산)/2 × 100
자기자본순이익율(%) = 당기순이익/(기초자기자본 + 기말자기자본)/2 × 100
매출액순이익율(%) = 당기순이익/매출액 × 100

총자산경상이익율은 농·어장이 보유하고 있는 총자산을 활용하여 어느 정도의 수익능력이 있는가를 분석하기 위한 지표이다. 총자산경상이익율이 높은 경우는 매출액 대비 경상이익 비율이 높거나 총자산회전율이 높은 경우이다.

자기자본순이익율은 농·어장의 최종적인 경영성과인 당기순이익을 자기자본으로 나눈 비율이다.

매출액순이익율은 매출액에 대한 당기순이익의 비율로 농수산물의 최종적인 수익능력을 측정하는 지표이다. 일반적으로 매출액 순이익율이 높다는 것은 마진율이 그만큼 높다는 것을 의미한다.

④ 생산성 지표

생산성이란 농어업 경영활동의 성과 및 효율을 측정하고 생산에 필요한 토지, 노동, 자본 등 생산요소의 기여도를 규명하기 위한 지표이다. 같은 토지, 노동, 자본을 투입하여 더 높은 부가가치를 창출해냈다면 생산성이 높다고 볼 수 있다. 부가가치는 일정 기간의 생산·유통활동 등 산업활동으로 창출된 가치를 의미한다. 즉, 어떤 기업의 연간 생산액은 전체를 기업이 만들어낸 것이 아니라 생산에 투입된 원재료, 하청기업이 납품한 부품 등 다른 기업의 생산물이 포함되어 있으므로 이것을 제외한 나머지 부분이 부가가치가 된다.

부가가치를 계산하는 방법에는 가산법加算法과 공제법控除法의 2가지가 있다.

가산법은 기업이 영업활동에서 발생시킨 인건비, 금융비용, 임차료, 조세공과, 감가상각비, 법인세공제전순이익을 합산하여 부가가치를 산출하는 방법이다.

부가가치 = 경상이익 + 인건비 + 임차료 + 조세공과 + 순금융비용 + 감가상각비

공제법은 판매액으로 표시되는 기업의 총산출 가치에서 재료, 매입부품, 전력, 연료, 용수 등 외부에서 구매한 재화와 용역의 가치를 뺀 차액을 부가가치로 계산하는 방법을 말한다. 기업의 생산액 중에는 다른 기업에서 매입한 원재료 등 중간재가 포함되어 있으므로 최종재의 가치에서 중간재의 매입액을 공제하면 부가가치가 산출된다. 실제로 부가가치의 산출방법은 각종 통계에 따라 상이하다.

부가가치율(%) = 부가가치/매출액 × 100
노동생산성(원/시간) = 부가가치/투입노동시간
자본생산성(%) = 부가가치/총자본 × 100
토지생산성(원/㎡) = 부가가치/경작면적

부가가치율은 일정 기간에 기업이 창출해낸 부가가치액과 그 기간의 매출액과의 비율로 생산물이 얼마나 부가가치가 높은지를 나타내는 지표이다.

노동생산성은 종업원 1명이 1시간 일하여 산출한 부가가치액으로 지급되는 임금보

다 높아야 한다.

자본생산성은 기업에 투하된 총자본으로 일정 기간에 얼마만큼의 부가가치를 산출하였는 지를 나타내는 지표로 지급 이자율보다 높아야 한다.

토지생산성은 단위면적당 생산되는 부가가치로 토지임차료보다 높아야 한다.

9) 농·어장 경영관리와 진단

경영진단이 전문가에 의한 경영분석을 통해 경영개선을 위해 지도하는 활동이지만 경영관리는 경영자 또는 관리자에 의한 적극적인 경영활동이다. 과거의 경종농업과 관행적인 축산경영에서는 재배관리 및 사양관리 방법에 대해서는 집중적으로 적용됐지만, 경영관리 방법은 거의 도입되지 않았다. 경영관리는 기업 관리자가 경영목표를 달성하기 위해 경영체를 합리적·효율적으로 운영하고 관리하는 것이다.

경영관리의 기본원리는 매니지먼트 사이클Management Cycle이라 불리는 PDCAPlan, Do, Check, Action 사이클을 말하는 데 어떠한 일을 하면서 계획하고 실천에 옮겨 실행하고, 이러한 실행이 옳은지 그른지 또는 유익한지를 검증하여 잘못된 점은 개선하고 다음에는 더 발전된 계획으로 실행하고 검증하여 개선해나가는 반복적인 사이클이라고 할 수 있다. 즉, PDCA 사이클은 기업활동의 "목표"를 사전에 설정하고 목표를 달성하기 위해 노력한 활동성과와 목표를 비교하여 분석·평가하여 다음의 목표와 계획에 반영시키는 경영활동의 반복적인 순환과정을 의미한다. PDCA의 핵심은 이루고자 하는 일에 대해 달성할 때까지 그 계획과 실천방식을 끊임없이 업그레이드시키는 데 있다. 구체적으로 살펴보면 계획Plan은 목표를 설정하고, 그 목표를 실천하기 위한 활동계획을 세운다. 실행Do은 계획을 시행하고, 그 실적을 측정한다. 평가Check는 측정결과를 분석하고, 결과와 목표를 비교하는 등 평가를 통해 개선해야 할 점을 분명히 모색한다. 조치Action는 실제로 개선활동을 실행한다.

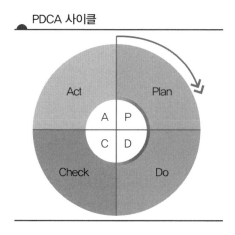

PDCA 사이클

경영진단은 경영관리가 목표로 하는 경영활동 전반에 걸친 순환과정 일부분을 구성한다. 경영진단은 경영활동 결과를 분석하고 평가하여 경영합리화를 위한 문제점을 지적하고 그 개선대책을 제시하는 것이다. 따라서 경영진단은 경영관리 사이클의 CACheck, Action에 해당한다고 볼 수 있다.

경영관리의 출발은 기업의 경영전략에 적합한 경영계획 및 경영목표의 설정이며 이를 토대로 경영조직화가 이루어진다. 이런 경우 목표관리가 중요한 데 이를 위해서는 지속해서 경영계획과 경영실적의 달성도를 비교하고 검토하는 것이 필수적이다. 이러한 목표관리는 일반기업에서는 일상적인 기법이지만 농수산업에서는 보통 생산이 계획대로 진행되는 것이 아니라 계획과 실적에 큰 차이가 발생하는 경우가 많기에 생산관리와 목표관리를 연계시키는 것이 중요하다.

가. 경영진단의 목적

경영진단의 목적은 경영체의 활동성과를 분석·검토하여 관리·운영이 합리적인가를 규명하여 미래 경영활동에 적절한 개선대책을 수립할 수 있도록 경영자에게 올바른 의사결정 판단자료를 제공하고 구체적인 개선책을 제시하는 것이다.

따라서 정확한 경영진단으로 올바른 개선방안을 제시하기 위해서는 과학적이며 체계적인 경영분석이 필요하다. 이러한 경영분석을 토대로 이루어지는 경영진단이라고 하더라도 경영진단을 시행하는 목적과 상황에 따라 진단의 방법과 내용이 달라질 수 있다.

나. 경영진단의 방법

㉠ 경영진단 주체

일반적으로 제3자가 경영진단의 실시목적에 따라 경영분석·진단한 결과를 경영개선에 적용하는 경우가 많다. 하지만 최근에는 경영의 자기관리를 위해 경영자 스스로에 의한 자기진단이 증가하고 있는 데 자주적인 경영관리를 수행하기 위해서는 경영자 스스로 경영분석과 경영진단을 시행할 수 있는 능력을 배양하는 것이 중요하다.

㉡ 경영진단 결과 비교분석

경영진단 결과를 일관성 있는 방법으로 분석하여 경영성과를 평가하고 경영개선의 문제점을 도출하기 위해서는 세 가지의 경영진단 결과의 비교방법을 이해하는 것이 중요하다.

구분	내용
경영체간 비교	자기의 경영진단 결과를 타인의 경영성과와 동일기간에서 비교한다.
시계열 비교	자기경영의 과거 경영성과를 연차별로 비교한다.
기준치 비교	표준적인 경영·기술의 지표와 자기경영의 목표와 실적을 비교한다.

첫째, 경영체 간 비교분석은 경영규모 및 경영형태별 또는 지역별 등 경영조건을 공통적인 기준에서 구분하여 경영성과를 비교한다. 평균값으로 비교하면 경영체 간의 상대적 평가에 대한 특징이 없어지고 경영체 간의 차이가 작아지는 경우가 있다. 최근에는 농어가의 단위당 소득 및 생산비용에서 경영체 간 격차가 크기 때문에 단

위당 소득 및 생산비용별로 농어가를 구분하여 이들의 차이가 어떤 요인에 의해 발생하였는가를 분석하는 경우도 있다. 경영체 간의 격차가 커지는 것이 기술적 요인, 재무적 요인의 어디에서 발생하고 있는가를 규명함으로써 경영개선의 착안점을 찾아 비용절감 및 수익성 향상으로 연결하는 원인추구형의 비교법이라고 할 수 있다.

둘째, 시계열 비교분석은 과거의 경영성과를 연차적으로 비교하여 경영의 발전방향이 성장형인지, 경영부진 진행형인지를 판단하는 분석방법이다. 성장형인가, 또는 경영부진 진행형인가를 판단하기 위해서는 최근까지의 전년대비, 전기대비 등과 같은 경영동향과 함께 가격동향을 고려한 중장기적인 경영동향을 살펴보는 것이 중요하다.

셋째, 기준치 비교분석은 표준적인 경영모델과 자신의 경영성과를 비교분석 하는 방법을 말한다.

ⓒ 경영진단의 목표와 순서

농어업 경영의 최종적인 목표는 수익성 향상이며 경영진단은 이러한 경영목표를 달성하기 위한 수단이다. 따라서 경영진단이 이러한 경영목표를 달성하기 위한 진단자료, 의사결정 자료를 제공해야만 한다. 경영진단은 일정 기간의 경영성과를 일정한 방법에 의해 분석해야 하는 데 이는 경영분석 방법이 통일되지 않으면 분석결과를 비교하는 것이 의미가 없다. 그러므로 경영진단의 범위와 순서를 정하여 경영진단의 목표인 경영체의 수익성 향상을 달성해야만 한다.

경영진단의 분석목표는 첫째, 경영체의 수익성을 분석하는 것이다. 수익성 분석은 경영활동을 통해 최종목표인 기업경영의 순이익 또는 가족경영의 소득을 최대로 하는 수익성 지표를 검토하는 것이다. 수익을 나타내는 이익은 조수익과 경영비의 차이이며 수익성의 크기를 결정하는 요인을 파악하기 위해서는 조수익분석과 비용분석이 필요하다. 수익성을 결정짓는 요소는 경영비 특히 생산원가이다. 경영체 간의 노동

생산성과 물적생산성과 같은 생산과정에서의 능률은 최종적으로 생산원가로서 파악되므로 이러한 생산원가의 절감이 경영합리화의 목표가 된다. 경영체 간 생산원가의 격차가 크게 나타나므로 비용절감 및 생산원가 관리가 중요시되며 생산원가분석이 매우 중요한 과제이다. 둘째, 생산성 수준을 규명하는 것이다. 생산성분석은 노동생산성, 물적생산성, 자본생산성으로 나누어진다. 노동생산성은 투입노동에 대한 생산성으로 시간당 생산성, 1인당 생산성으로 나타나며, 물적생산성은 투입, 산출의 물적비율로 표시되는 기술적 성과로 영농·영어자재와 생산관계가 분석대상이 된다. 수익성 및 생산원가가 경영활동의 종합적 성과로서 나타나며 이러한 성과를 달성한 요인분석이 생산성분석이며 기술분석이다. 이렇게 수익성 및 비용을 결정하는 요인분석으로서의 생산성분석은 경영개선의 포인트를 결정함에 매우 중요한 역할수행을 하고 있다. 셋째, 경영체의 안정성을 측정하는 것이다. 경영의 안정성분석은 자산, 부채, 자본의 재무균형 분석을 의미한다. 수익성 및 생산성은 어떤 일정 기간의 동태적 분석이지만 경영의 안정성은 경영체의 특정한 시점에서의 재무비율로 나타나는 정태적 분석이다.

경영진단(경영분석)의 순서는 첫째로 수익성분석을 가장 중요시하여 수익성을 유발하는 매출액분석과 원가분석을 시행한다. 둘째로 그러한 수익성에 영향을 주는 요인을 유발하는 생산과정의 물적·기술적인 생산성분석을 한다. 셋째로 재무의 안정성분석을 통해 재무상태의 건전성을 확인하는 것이다.

이러한 경영분석의 세 가지 분야는 각각 독립된 것이 아니기에 상호 인과관계를 파악할 수 있도록 종합적으로 실시될 필요가 있다.

10) 창업설계의 롤링플랜Rolling Plan

　창업설계는 실행계획의 운영에 대해서 매년 정기적으로 계획과 실적 간의 차이를 비교해 그 시점에서 새로이 3년이나 5년의 계획을 재구성하는 방식으로 추진되므로 리볼빙Revolving 방식이라고도 한다. 계획과 실적의 격차를 끊임없이 비교할 수 있기 때문에 현실의 계획을 탄력성있게 수립하여 전반적인 계획 등에 있어서 실적과의 격차를 크게 피할 수 있는 이점을 가진다. 반면에 계획이 매년 수정되는 일이 있는 관계로 계획의 신뢰성이 결여된다는 비판도 있다.

　롤링플랜이라는 말은 재정학이나 경영학에서 조직의 재정계획을 운용하는 방법을 설명하는 용어의 하나로, 일종의 학문적인 표현이다. 롤링플랜이라는 용어의 사전적인 정의를 살펴보면, "롤링플랜Rolling plan(연동계획)이란 목표를 추구하는 관리 방법으로, 진행과정을 계획 목표와 수시로 비교하면서, 목표 달성을 위해 필요한 자료를 다시 투입해 당초 계획된 상태로 유도하기 위하여 수정 보완 작업을 반복하는 과정"이라고 되어있다. 요컨대 현실을 목표에 정합시키기 위하여 지속해서 피드백을 수행하는 기법이라는 것으로, 되는 대로 그때그때의 사정에 따라 무계획하게 단기적으로만 재정을 운용하라는 이야기가 아니다. 이에 대립하는 개념으로 고정계획fixed plan 방식이 있는데 계획기간을 고정해놓고 목표 달성 여부를 평가하며 계획기간이 종료한 후 새로운 목표를 다시 선정하는 방법이다.

재무계획 작성양식

1. 기초 재무상태 조사
2. 중장기 영농·영어목표
3. 투자계획
4. 원리금상환계획
5. 판매계획
6. 생산계획
7. 영농·영어자재 소요계획
8. 노동력 및 노무비계획
9. 경비계획
10. 감가상각비계획
11. 생산원가계획
12. 손익계획
13. 추정대차대조표
14. 현금흐름계획
15. 추정소득분석

1. 기초 재무상태 조사

가. 자산

(1) 토지

종류	소재지 (주소)	면적 (m²)	평가액 (천 원)	구입년도	비고

(2) 건물 및 구축물

종류	구조	규모 (m²)	평가액 (천 원)	내용년수	설치연도	비고

(3) 대식물

작물명	품종	주수	평가액 (천 원)	경제수령	식재연도	비고

(4) 대동물

축종	품종	암수	축령 (월령)	두수	단가 (천 원)	금액 (천 원)

(5) 대농기구 및 차량 운반구

종류	규격	대수	구매가격 (천 원)	내용연수	구매연도	비고

(6) 현금 및 준현금

종류	명칭	평가액(천 원)	비고

(7) 재고생산자재

종류	품명/규격	수량	단가 (천 원)	금액 (천 원)	비고

(8) 재고농산물

종류	품종 등	수량	단가 (천 원)	평가액 (천 원)	생산년도

나. 부채

종류	용도	자금종류	융자금액 (천 원)	융자년도	원리금 상환조건 등 특기사항

2. 중장기 영농·영어목표

가. 작성기간 : ○○○○년~△△△△년

나. 매출액 및 순이익 목표

(단위 : 천 원)

구분	D	D+1	D+2	D+3	D+4	비고
매출액	32,467	132,466	138,768	143,180	243,730	
순이익	3,882	51,828	54,708	55,029	138,885	
순이익율(%)	11.96	39.13	39.42	38.43	56.98	

*매출액 및 순이익의 근거 : 네덜란드 Hoymans의 생산량 및 가락시장 평균가격 적용

다. 생산성 및 품질수준 목표

(1) 생산성

구분	D	D+1	D+2	D+3	D+4	비고
생산량(kg/10a 배지)	2,424.2	9,890.9	9,890.9	9,890.9	9,890.9	
증가율(%)	2%	2%	2%	2%	2%	

(2) 품질수준

구분	D	D+1	D+2	D+3	D+4	비고
특품	8%	8%	8%	8%	8%	8%
상품	71%	71%	73%	75%	77%	매년2% 증가
중품	11%	11%	14%	14%	13%	
하품	10%	10%	5%	3%	2%	
계	100%	100%	100%	100%	100%	

3. 투자계획

가. 총괄 투자계획

(단위 : 천 원)

투자연도	소요액	투자재원			비고
		자부담	보조	융자	
D	138,500	78,500		60,000	
D+1					
D+2					
D+3					
D+4	30,000	30,000			
합계	168,500	108,500		60,000	

나. 연차별 세부투자계획

(단위 : 천 원)

연도별	투자대상		투자금액(천 원)				비고
	투자항목	규격	계	자부담	보조	융자	
D	재배사 2동	297㎡*2	60,000		−	60,000	
	사무실 및 창고	33㎡	5,000	5,000	−		
	냉난방 시설		20,000	20,000			
	자동차	1t	18,000	18,000			
	전기인입공사	150kW	10,000	10,000			
	저온저장고	9.9㎡	5,500	5,500	−		
			20,000	20,000			
	계		138,500	78,500	−	60,000	
D+1			−	−	−	−	
D+2			−	−	−	−	
D+3			−	−	−	−	
D+4	재배사 1동	297㎡	30,000	30,000	−	−	
	계		30,000	30,000	−	−	
계	계		168,500	108,500	−	60,000	

4. 원리금 상환계획

가. 상환계획 종합

(단위 : 천 원)

연도	융자금액	원리금 상환액		융자잔액	비고
		원금상환	이자		
D	60,000		1,200	60,000	
D+1	–		1,200	60,000	
D+2	–		1,200	60,000	
D+3	–	8,071	1,200	51,929	
D+4	–	8,232	1,039	43,697	
D+5		8,397	874	35,300	
D+6		8,565	706	26,736	
D+7		8,736	535	18,000	
D+8		8,911	360	9,089	
D+9		9,089	182	–	

나. 융자 종류별 원리금 상환계획

(1) 2016년

(단위 : 천 원)

종류	융자시기	융자액	융자조건	연이자율	균등상환액
재배사/작업장/ 저온저장고/ 냉난방시스템	2016년초	60,000	3년거치 7년상환	2%	−₩9,271

(단위 : 천 원)

연차	융자금액	원리금 상환액			상환연도
		이자	원금상환	계	
D	60,000	1,200		1,200	
D+1	60,000	1,200		1,200	
D+2	60,000	1,200		1,200	
D+3	60,000	1,200	8,071	9,271	
D+4	51,929	1,039	8,232	9,271	
D+5	43,697	874	8,397	9,271	
D+6	35,300	706	8,565	9,271	
D+7	26,736	535	8,736	9,271	
D+8	18,000	360	8,911	9,271	
D+9	9,089	182	9,089	9,271	

5. 판매계획

가. 연도별 가격 추이

(단위 : 천 원/2kg)

유통채널	등급	D-5	D-4	D-3	D-2	D-1	평균가격
도매시장	특품	18.4	17.9	23.0	24.7	25.8	21.96
	상품	14	14.9	18.1	19.4	20.1	17.30
	중품	11	11.9	14.2	13.8	14	12.98
	하품	7.3	6.8	8.9	7.7	7.6	7.66

자료 : 서울 농수산 식품공사

나. 유통채널별 판매계획

(단위 : %, kg)

유통채널	등급	D 판매비중	D 판매량	D+1 판매비중	D+1 판매량	D+2 판매비중	D+2 판매량	D+3 판매비중	D+3 판매량	D+4 판매비중	D+4 판매량	비고
도매시장	특품	8%	8%	8%	8%	8%	8%	8%	8%	8%	8%	상품화율 : 100
	상품	71%	71%	71%	71%	73%	73%	75%	75%	77%	77%	
	중품	11%	11%	11%	11%	12%	12%	13%	13%	13%	13%	
	하품	10%	10%	10%	10%	7%	7%	4%	4%	2%	2%	
합계		100%	100%	100%	100%	100%	100%	100%	100%	100%	100%	

다. 연도별 매출액 추정

	구분	D	D+1	D+2	D+3	D+4	비고
특품	판매비중(%)	8%	8%	8%	8%	8%	
	판매가격(원/kg)	11.0	11.0	11.0	11.0	11.0	
	판매량(kg)	8%	8%	8%	8%	8%	
	매출액(천 원)	3513.6	14335.5	14622.2	14914.6	25308.8	
상품	판매비중(%)	71%	71%	75%	77%	77%	
	판매가격(원/kg)	8.7	8.7	8.7	8.7	8.7	
	판매량(kg)	71%	71%	75%	77%	77%	
	매출액(천원)	24,566	100,229	107,994	113,091	191,905	
중품	판매비중(%)	11%	11%	12%	12%	13%	
	판매가격(원/kg)	6.5	6.5	6.5	6.5	6.5	
	판매량(kg)	440	1,795	1,998	2,038	3,746	
	매출액(천 원)	2,856	11,651	12,964	13,224	24,309	

구분		D	D+1	D+2	D+3	D+4	비고
하품	판매비중(%)	10%	10%	5%	3%	2%	
	판매가격(원/kg)	3.8	3.8	3.8	3.8	3.8	
	판매량(kg)	400	1,632	832	509	576	
	매출액(천 원)	1,532	6,251	3,188	1,951	2,207	
합계	판매비중(%)	100%	100%	100%	100%	100%	
	판매량(kg)	4,000	16,320	16,646	16,979	28,812	
	매출액(천 원)	32,467	132,466	138,768	143,180	243,730	

D-5 ~ D-1 평균가격 (천 원/kg)	
특	11.0
상	8.7
중	6.5
하	3.8

* 산출근거 : 최근 5년간 가락동시장 평균가격(원/kg)

6. 생산계획

가. 생산량계획(버섯 사례)

구분	D	D+1	D+2	D+3	D+4	비고
단수(배지 10a당 생산량(kg))	2,424	9,891	10,089	10,291	10,496	
재배면적(㎡)	1,650	1,650	1,650	1,650	2,745	
생산량(kg)	4,000	16,320	16,646	16,979	28,812	

* 단수는 연 평균증가율 2% 적용　　　　　　　　　　　　자료 : 네덜란드 Hoymans(ㅇㅇㅇㅇ년)자료

나. 생산량계획(수도작)

구분	D	D+1	D+2	D+3	D+4	비고
단수(배지 10a당 생산량(kg))	450	4559	468	789	487	
재배면적(㎡)	25,720	40,000	40,000	40,000	40,000	
생산량(kg)	11,574	18,360	18,727	19,102	19,484	

* 단수는 연 평균증가율 2% 적용　　　　　　　자료 : 지역별 농산물 소득자료(농진청, ㅇㅇㅇㅇ년)

다. 영농기반 확대계획

(1) 논

(단위 : ㎡)

구분	D-1	D	D+1	D+2	D+3	D+4	비고
소유							
임차(+)							
임대(-)							
경영면적							

(2) 밭

(단위 : ㎡)

구분	D-1	D	D+1	D+2	D+3	D+4	비고
소유	3,300	3,300	3,300	3,300	3,300	3,300	
임차(+)							
임대(-)							
경영면적	3,300	3,300	3,300	3,300	3,300	3,300	

(3) 농기계구매 및 교체

(단위 : 대수)

구분	D-1	D	D+1	D+2	D+3	D+4	비고
보유							
구입	냉동탑차 지게차						
교체							

(4) 영농시설

(단위 : ㎡)

시설종류	D-1	D	D+1	D+2	D+3	D+4	비고
냉난방시설	594	594	594	594	594	891	
버섯재배사	594	594	594	594	594	891	
저온저장고	10	10	10	10	10	10	

7. 영농·영어자재 소요계획

작성 기준	• ○○○○년 특화작물시험장산채연구분소 곰취생산자재비 적용 • 영농자재비 단가는 매년 물가상승률(2.5%)을 고려 인상 적용				
	물가상승률	종자비	육묘상토	트레이	비고
	1.025	2,180	1,000	600	○○○○년 단가

가) ○○○○년 영농자재 계획

비목	원/트레이	재배면적(㎡)	총 량(트레이)	금액(천 원)	구매시기
육묘상토	1,025			1,093	3월
트레이	615	1,000	1,067	656	3월
종자비	2,235			2,383	3월
합계	3,875			4,133	

8. 노동력 및 노무비계획

가. 노동력 소요계획

구분			D	D+1	D+2	D+3	D+4
자가 노동력	본인	작업일수	50	204	204	204	204.4
	가족	작업일수					
고용 노동력	일용직	남 작업인원	1	1	1	1	1
		남 작업일수	72	292	292	292	292
		여 작업인원					
		여 작업일수					
	상용직	고용인원					

주 : 자가노동력의 작업일수 = 365일 X 농작업확률(80%) X 영농참여비율(%)

나. 노무비계획

(단위 : 일수, 천 원)

구분			D			D+1			D+2			D+3			D+4			비고
			일당	작업일수	금액	일당	작업일수	금액	일당	작업일수	금액	일당	작업일수	금액	일당	작업일수	금액	
자가노동비	본인		131	50	6,600	139	204	28,373	147	204	30,075	156	204	31,880	165	204	33,792	
	가족																	
	소계		131	50	6,600	139	204	28,373	147	204	30,075	156	204	31,880	165	204	33,792	
고용노동비	일용직	잡급 남여	63	72	4,500	66	292	19,345	70	292	20,506	74	292	21,736	79	292	23,040	
	소계		63	72	4,500	66	292	19,345	70	292	20,506	74	292	21,736	79	292	23,040	
	상용직	급여																
		상여금																
		퇴직급여																

* 노무비는 머쉬매니아 남자 1일 일당 적용
 – 자료조사가 어려운 경우에는 지역별 소득분석자료(농촌진흥청)를 참고하여 산출 적용
* 임금(일당, 급여)은 2010년~2013년 농가구입가격지수(농림축산식품주요통계) 중 농촌 임료금의 평균증가율 적용(6%)

9. 경비계획

가. 경비계획 작성기준

	항목	기준	비고
작성기준	대농기구 수선비	6%	
	영농시설 수선비	0.5%	
	광열동력비(원/트레이)	518	
	토지 임차료(원/㎡)	492	
	경기도 시설부추 토지 임차료(원/10a)	491,508	
	물가상승률	2.5%	

나. ○○○○년 경비계획

생산수량(트레이) : 1,067

임차토지면적(㎡) : 0

과목	금액(천 원)	산출근거	비고
1. 수선비	1,245		
대농기구	1,140	구매금액의 6% 적용	
영농시설	105	구매금액의 0.5% 적용	
2. 수도 광열비	566	강원도농업기술원 산채연구분소 적용	
광열·동력비	566	물가상승률(2.5%) 반영	
3. 감가상각비	3,600	감가상각비계획 참조	
영농시설	1,890		
대농기구	1,710		
4. 임차료	−	2015년 지역별 농산물소득자료 기준	
대농기구		물가상승률(2.5%) 반영 산출	
토지	−		
5. 위탁영농비		농축산물소득자료집(농촌진흥청) 적용	
6. 소농구비		호미, 낫 등 소농구 구매비	
7. 기타경비		보험, 조세공과금(재산세 등) 등	
합계	5,411		

10. 감가상각비 계획

가. 2016년 감가상각비계획

구분	영농시설			대농기구	
	육묘장	관수시설	계	트럭	계
취득가격(천 원)	20,000	1,000	21,000	19,000	19,000
잔존가치율(%)	0	0		10	10
내용연수(년)	10	10		10	
사용연수(년)	1	1		1	
감가상각비(천 원)	1,800	90	1,890	1,710	1,710
감가상각누계(천 원)	1,800	90	1,890	1,710	1,710
장부가격(천 원)	18,200	910	19,110	17,290	17,290

11. 생산원가 계획

(단위 : 천 원)

과목	D	D+1	D+2	D+3	D+4
I. 재료비	4,133	8,472	13,026	17,802	22,809
1. 종자(종묘)	2,383	4,886	7,512	10,267	13,155
2. 가축구매비					
3. 비료비					
4. 농약비					
5. 사료비					
6. 약품비 및 영양제					
7. 기타 제재료비	1,749	3,586	5,514	7,535	9,655
II. 노무비	3,527	7,477	11,888	16,802	22,263
1. 급여	1,650	3,498	5,562	7,860	10,415
2. 잡급(일용직 노무비)	1,877	3,979	6,327	8,942	11,848
III. 경비	5,411	6,523	7,690	8,914	10,197
1. 수선비	1,245	1,245	1,245	1,245	1,245
가. 대농기구	1,140	1,140	1,140	1,140	1,140
나. 영농시설	105	105	105	105	105
2. 영농광열비	566	1,161	1,785	2,440	3,126
3. 감가상각비	3,600	3,600	3,600	3,600	3,600
가. 영농시설	1,890	1,890	1,890	1,890	1,890
나. 대농기구	1,710	1,710	1,710	1,710	1,710
4. 임차료	0	517	1,060	1,629	2,227
가. 대농기구					
나. 토지	0	517	1,060	1,629	2,227
5. 위탁영농비					
6. 소농구비					
7. 기타 요금					
IV. 당기총생산원가	13,071	22,472	32,604	43,518	55,269
V. 기초생장물재고액					
VI. 기말생장물재고액					
VII. 타계정대체액					
VIII. 당기생산물생산원가	13,071	22,472	32,604	43,518	55,269

12. 손익계획

(단위 : 천 원)

과목	D 1월 1일 ~12월 31일	D+1 1월 1일 ~12월 31일	D+2 1월 1일 ~12월 31일	D+3 1월 1일 ~12월 31일	D+4 1월 1일 ~12월 31일
I. 매출액	15,798	33,427	53,044	74,822	98,945
1. 생산물 매출	15,798	33,427	53,044	74,822	98,945
2. 부산물 매출					
II. 매출원가	13,071	22,472	32,604	43,518	55,269
III. 매출총이익	2,727	10,955	20,440	31,304	43,676
IV. 판매비와 관리비	213	427	640	853	1,067
1. 포장비	213	427	640	853	1,067
2. 운반비					
3. 기타					
V. 영업이익	2,514	10,528	19,800	30,451	42,609
VI. 영업 외 수익					
1. 토지/농기계임대수익					
2. 보조금					
3. 배당금					
VII. 영업 외 비용	2,400	2,400	2,400	2,400	2,077
1. 이자비용	2,400	2,400	2,400	2,400	2,077
2. 기타					
VIII. 세금차감전 순익	114	8,128	17,400	28,051	40,532
(경상이익)					
IX. 세금(법인세 등)					
X. 당기순이익	114	8,128	17,400	28,051	40,532

13. 추정대차대조표

(단위 : 천 원)

과목	D−1 12월 31일 현재	D 12월 31일 현재	D+1 12월 31일 현재	D+2 12월 31일 현재	D+3 12월 31일 현재	D+4 12월 31일 현재
자산						
Ⅰ. 유동자산	40,000	23,714	35,442	56,442	71,951	99,619
(1) 당좌자산	40,000	23,714	35,442	56,442	71,951	99,619
(2) 재고자산						
1. 생산물						
2. 생장물						
3. 원재료						
4. 저장품						
Ⅱ. 비유동자산		136,400	132,800	129,200	125,600	122,000
1. 토지		100,000	100,000	100,000	100,000	100,000
2. 영농시설·대농기구		36,400	32,800	29,200	25,600	22,000
3. 생물자산						
4. 성장중인 생물자산						
자산 총계	40,000	160,114	168,242	185,642	197,551	221,619
부채						
Ⅰ. 유동부채						
Ⅱ. 비유동부채		120,000	120,000	120,000	103,859	87,394
부채 총계		120,000	120,000	120,000	103,859	87,394
자본						
Ⅰ. 자본금	40,000	40,000	40,000	40,000	40,000	40,000
Ⅱ. 자본잉여금						
Ⅲ. 이익잉여금		114	8,242	25,642	53,693	94,225
자본 총계	40,000	40,114	48,242	65,642	93,693	134,225
부채와 자본 총계	40,000	160,114	168,242	185,642	197,551	221,619

14. 현금흐름계획

(단위 : 천 원)

구분		년도				
		D	D+1	D+2	D+3	D+4
조달	농수산물 판매	15,798	33,427	53,044	74,822	98,945
	부산물 판매					
	보조금					
	영·어농 착수금액	40,000				
	자산매각 대금					
	융자금	120,000				
	가타 수입					
	소계(A)	175,798	33,427	53,044	74,822	98,945
지출	농지구매	100,000				
	시설투자	21,000				
	농기계투자	19,000				
	당기총생산 원가	9,471	18,872	29,004	39,918	51,669
	판매 및 일반관리비	213	427	640	853	1,067
	영업 외 비용	2,400	2,400	2,400	2,400	2,077
	융자원금상환				16,141	16,464
	소계(B)	152,084	21,699	32,044	59,313	71,277
수지균형(C) (C = A − B)		23,714	11,728	21,000	15,509	27,668
누적수지균형(D) (D = 전년도D + 금년도C)		23,714	35,442	56,442	71,951	99,619

15. 추정소득분석

(단위 : 천 원)

비목별			D	D+1	D+2	D+3	D+4
조수입	주산물가액		15,798	33,427	53,044	74,822	98,945
	부산물가액						
	계		15,798	33,427	53,044	74,822	98,945
경영비	중간재비	종자비	2,383	4,886	7,512	10,267	13,155
		비료비					
		농약비					
		영농광열비	566	1,161	1,785	2,440	3,126
		수리비					
		기타제재료비	1,749	3,586	5,514	7,535	9,655
		소농구비					
		대농구상각비	1,710	1,710	1,710	1,710	1,710
		영농시설상각비	1,890	1,890	1,890	1,890	1,890
		수선비	1,245	1,245	1,245	1,245	1,245
		기타 요금					
		계	9,544	14,478	19,656	25,087	30,780
	임차료	농기계·시설					
		토지	0	517	1,060	1,629	2,227
	위탁영농비						
	고용노동비		1,877	3,979	6,327	8,942	11,848
	계		11,421	18,974	27,042	35,658	44,854
자가노동비			1,650	3,498	5,562	7,860	10,415
소득			4,377	14,452	26,002	39,164	54,091
소득율			28%	43%	49%	52%	55%

2022 농업과학기술 경제성분석 기준자료집

(농촌진흥청)

1. 농기계 임차료
2. 농업 노임
3. 10a당 작목별 종자 소요량
4. 고정자산 내용년수
5. 농축산물 가격정보 검색

1 농기계 임차료

가 겸용

(단위 : 원/1일)

구 분	규격	대표 모델명	표본	평균 임차료	비고(마력)
관리기	3.3kW (4.5마력)	ASC-640	17	10,229	보행형
	4.8kW (6.5마력)	AMC-900SM	16	9,722	보행형
	6.2kW (8.4마력)	AMC-1000	31	11,871	보행형
	10.3kW (14마력)	CFM-1200	8	48,688	승용형
	13.3kW (18마력)	K1-C	10	54,900	승용형
농업용굴삭기	1톤	U-10-3, TE1000	22	76,950	궤도식
농업용트랙터	28~35마력	CK280(350)	3	73,333	
	38~45마력	DK450	5	88,200	
	47~53마력	R48	3	71,667	
	55~60마력	DK550R	5	117,000	
	90~102마력	TX1500	1	179,000	
동력경운기	7kW (10마력)	DT100N	21	17,479	보행형
동력예취기	54cm	HSM-E224	9	61,667	참깨, 잡곡
	92~97cm	HTI-R950	6	46,958	승용형, 4륜
동력제초기	70cm	HRM-70	10	17,740	보행형
	90cm	HR-900	6	13,017	보행형
	97~98cm	HA-RM970	3	48,667	승용형
중격제초기	150cm	MA-3	11	9,973	
스키드로우더	35.9kW (49마력)	BOBCAT-S130	4	87,600	바퀴식
	40.3kW (55마력)	HS155	5	86,100	바퀴식
휠로우더		L150, L160	2	67,250	바퀴식
스피드 스프레이어	500 ℓ	ASS-555G	3	51,000	자주식 승용형
	700 ℓ	ATOM-600	3	95,467	자주식 승용형

나 논농사

(단위 : 원/1일)

구 분	규격	대표 모델명	표본	평균 임차료	비고(마력)
사각결속기	119cm	MARKANT45	3	80,000	트랙터
	137cm	MARKANT55	10	61,425	트랙터(35이상)
원형결속기	128cm	TCR2220AN	5	127,120	트랙터(35이상)
	130~132cm	CR10C	2	111,500	트랙터(50이상)
논두렁조성기	35cm	SZ-350	3	17,333	트랙터(25~55)
		AZ-700CH	10	19,000	트랙터(70~100)
		TANTAN-K1(K3)	12	20,963	다단회전식
	40cm	AZ-350CH	15	17,733	트랙터(40~65)
		WJLF750	5	22,800	트랙터(70~90)
반전집초기	320cm, 2측	LRT320	12	15,333	트랙터(30이상)
	360cm, 2측	LRT360	3	18,183	트랙터(35이상)
	420cm, 2측	LRT420	7	22,914	트랙터(40이상)
이앙기	보행형, 4조	DP480	3	17,000	산파
	승용형, 8조	RX-60	5	161,400	산파크랭크식
콤바인	153cm	YH400-C	2	194,500	완전캐빈형
	136cm(2조)	ABC270	3	155,333	자탈형
플라우	모올드단용3련	KP300A	4	13,000	트랙터(35~68)
	모올드단용4련	KP400A	5	14,400	트랙터(68~110)
	모올드양용3련	KP3300W	13	19,923	트랙터(46~62)
	모올드양용4련	KP4400W	4	28,750	트랙터(61~76)

다 밭농사

구 분	규격	대표 모델명	표본	평균 임차료	비고(마력)
파종기	1조	HG-10A	35	6,607	인력용
	2조	HG-20A	10	6,000	인력용
	4조	HG-400A	6	10,717	트랙터, 다목적
	6조	HG-600A	3	13,333	트랙터, 콩
이식기	1조(보행형)	TVP-1	14	41,214	고구마
	4조(보행형)	OP-40-KR	4	92,875	양파
로타리	116~125cm	TM120CM	4	15,500	승용관리기용
	140cm	TM140CM	1	13,000	승용관리기용
	–	TR-60	5	9,800	경운기용(8~10)
	150cm	YPG-1502	11	14,177	트랙터(35~50)
	170cm	YPG-1702	4	15,500	트랙터(45~65)
구굴기	30cm	DR-30	11	6,341	관리기(5.5~6.5)
	27cm	JY270-500	6	17,667	트랙터(25~50, 로타리)
그레이더	213cm	TKG-2000	3	9,667	트랙터(40~)
	244cm	TKG-3000	3	9,000	트랙터(50~)
	274cm	TKG-4000	2	10,250	트랙터(60~)
돌수집기	140cm	GWD-1400T	17	20,671	트랙터(50~)
	160cm	GWD-1600T	7	23,286	트랙터(61)
동력배토기	19cm	MKF-A430	4	8,563	승용형
	22~25cm	AVR-650	4	13,750	보행형
	30cm	MKF-345	5	8,060	보행형, 수전용
	25cm	DH-520	3	7,333	트랙터
동력탈곡기	400kg/h	ESP-2	12	9,283	모터, 콩
	400kg/h	HSM-BTH	4	60,125	자주식, 깨
	800kg/h	ESP-1000	5	20,800	트랙터(60~)

구 분	규격	대표 모델명	표본	평균 임차료	비고(마력)
동력파쇄기	1,200kg/H	DLK15-CR	15	29,973	보행자주형 (무한궤도)
	32.5cm	DLK15-TRC-H	11	30,955	
	65cm	SHRT661	32	28,418	덩굴
심토파쇄기	2조	SWS-2	5	6,900	22(진동형)
	3조	SWS-3	9	11,361	80(진동형)
땅속작물수확기	140cm	HD-C1400G	5	13,900	트랙터(35이상)
	160cm	HD-C1600G	18	14,022	트랙터(35~, 마늘)
	180cm	HD-C1800G	5	17,440	트랙터(50이상)
랩피복기	100cm*100cm	LW500A	12	47,842	트랙터(50이상)
	100cm*110cm	LW550-2AR	5	75,400	트랙터(55이상)
	120cm*125cm	LW900A	5	52,300	트랙터(65이상)
마늘쪽분리기	100kg/h	MK-1	3	13,000	원추드럼마찰식
	320kg/h	DRSP-350K	14	12,821	로울러압착형
비닐피복기	180cm	AM180	12	8,729	
비료살포기	500kg	STH-500	18	9,400	트랙터(탑재형)
	1톤	SMFK-1000B	4	16,788	
선별기	4단	JK-GS4M	2	15,500	마늘, 형상
동력예취기	25cm	BH-710	26	22,008	회전날식, 콩
	54cm, 2조	HSM-E224	9	61,667	수수, 참깨, 들깨
	92cm~95cm	HTI-R950	10	45,025	승용자주바퀴형
트랙터모우어	170cm	LDM4	2	34,925	트랙터(50~, 디스크)
	210cm	LDMC5	6	72,817	
휴립기	60cm	AF-300T	16	8,359	보행관리기
휴립배토기	1두둑	WJCM-1000	4	13,750	트랙터(180이상)
	2두둑	WJCM-2000	10	16,550	트랙터(35이상)
휴립피복기	60cm, 2두둑	FM-2120	8	12,656	관리기

주: 8개도(서울, 제주도 제외)별 5개 시군 농업기술센터의 농기계 임차료의 평균값임
주2: 기준일 2022.10.1.
주3: 범위의 값을 가질 경우 최소값으로 대체함
주4: 상기 임차료는 코로나19 할인이 적용되지 않음

(단위 : 원)

구 분	농 업 노 동 임 금(1일)					
	남 자 (성 인)			여 자 (성 인)		
	합 계	현 금 지급액	급식물 평가액	합 계	현 금 지급액	급식물 평가액
2000	48,040	39,342	8,698	32,292	25,290	7,002
2001	50,905	42,017	8,888	34,184	26,389	7,794
2002	53,093	43,821	9,272	34,839	27,015	7,824
2003	57,092	47,357	9,735	37,999	29,310	8,689
2004	57,467	47,723	9,744	38,314	29,766	8,548
2005	58,955	48,959	9,996	40,043	31,109	8,934
2006	60,000	49,938	10,062	40,173	31,041	9,132
2007	61,389	50,870	10,346	40,967	31,973	8,993
2008	68,405	56,845	11,560	44,672	34,621	10,051
2009	72,185	–	–	47,032	–	–
2010	76,172	–	–	49,265	–	–
2011	80,711	–	–	53,002	–	–
2012	85,482	–	–	56,519	–	–
2013	91,917	–	–	60,612	–	–
2014	96,777	–	–	64,099	–	–
2015	101,220	–	–	66,968	–	–
2016	105,510	–	–	69,874	–	–
2017	110,141	–	–	73,010	–	–
2018	114,190	–	–	77,686	–	–
2019	117,156	–	–	81,515	–	–
2020	119,550	–	–	85,300	–	–
2021	127,215	–	–	93,826	–	–

자료: 통계청, 농가판매 및 구입가격 조사 각년도

가 채 소

작 목		종자소요량			
		종 자(부피)	종 묘(주)	소요립수 (립)	무게환산(g)
무	노 지	9dℓ	–	45,000~80,000	480~960
	시 설	9dℓ	–	45,000~80,000	
배 추	노 지	50mℓ	–	12,000~18,000	37~56
	시 설	50mℓ	3,000~4,000주	12,000~18,000	
양 배 추		0.6dℓ	–	9,000~12,000	33.3~44.4
상추(시설)		4~5dℓ	13,300주	30,000~37,500	36~54
대 파		6dℓ	50,000주	–	414~805
생 강			5,500~8,800주	–	200~300kg
고 추	노 지	1dℓ	–	2,600~4,000	30
	시 설	2dℓ	–	5,200~8,000	
부 추	노 지	30 ℓ	–	–	12kg
	시 설	1.8~2.8 ℓ	–	–	720~1,080
오 이	노 지	2dℓ	–	4,000	94
	시 설	2dℓ	–	4,000	
가 지		60mℓ	–	6,000~7,200	24~29
당 근		3.5~5.5dℓ	–	모 : 20,000 무모 : 40,000	32~80
호 박	노 지	4dℓ	900주	240~400	30~50
	시 설	1dℓ	–	60~80	7.5~10
참 외	노 지	1.5dℓ	–	2,400~3,000	21~40
	시 설	1.5dℓ	–	2,400~3,000	
수 박	노 지	2.4dℓ	–	800~920	42~60
	시 설	2.4dℓ	–	800~920	
토 마 토		0.6dℓ	–	4,800	13~18
딸 기		–	9,000주	–	–
방울토마토		20~30mℓ	–	대립 : 1,500 중립 : 3,500 소립 : 6,000	대립 : 3.45 중립 : 8.05 소립 : 13.8
취 나 물		2~4 ℓ	30,000~36,000주	550,000~600,000	800~1,600
들 깻 잎		–	–	–	4~5kg
시설시금치		5~7 ℓ	–	240,000~330,000환 540,000~750,000침	3,336~4,587 7,506~10,425
아 욱		25~30 ℓ	–	–	1,250~2,500
브로콜리		50~60mℓ	3,000~5,000주	–	21.8~34.8
마 늘		–	–	–	180~200kg
양 파		0.6dℓ	–	–	240
알 타 리 무		–	–	–	1,200~2,160

나 화 훼

작 목	종자소요량(종묘)
국 화	44,292.3주
장 미	4,143.4구

다 약용작물

작 목	종자소요량	
	종자	종묘 (종균)
참 깨	1.2dℓ	–
엽 연 초	–	3,076.6주
인 삼	8.9dℓ	22,566.8주
오 미 자	–	1,712.7kg
느타리버섯	–	1,032.0kg

종자량 환산표

1말 = 18 ℓ

1되 = 1.8 ℓ = 18dℓ = 1800㎖

1홉 = 0.18 ℓ = 1.8dℓ = 180㎖

1작 = 0.018 ℓ = 0.18dℓ = 18㎖

1 ℓ = 10dℓ = 1000㎖ = 1000cc

가 수리구축물 내용연수

구축물명	구 분	내용연수
소 형 관 정	–	10
보	철 근 콘 크 리 트	30
	콘 크 리 트	25
	진　　　　흙	25
	목　　　　조	7
명　　　거	콘 크 리 트	15
	목　　　　조	5
암　　　거	토　　　　관	15
	철　　　　제	10
	목　　　　조	7
소류지 및 용수정	철 근 콘 크 리 트	60
	콘 크 리 트	50
	석　　　　조	50
기　　　타	싸 이 로 (콘 크 리 트)	50
	분 뇨 통 (콘 크 리 트)	30
과 수 지 주	콘 크 리 트	15
	목 (죽) 재	5
	철　　　　재	8

나 대농기구 내용연수

구 분	기 계 명	내용연수
원 동 기	전기모타(2줄)	12
	전기모타(3줄)	14
	디젤엔진	10
	석유발동기	10
	가솔린 석유(공냉) 엔진	9
	가솔린 석유(수냉) 엔진	9
	동력경운기	11
	트랙터	12
	물레방아	7
경 운 정 지	경운기 쟁기	10
	트랙터 쟁기	10
	디스크해로우	10
	트랙터 로타베이터	10
	경운기 로타베이터	10
	비닐피복기(소형경운기 부착용)	5
양 수	양수기	8
	손펌프(인력)	10
	발펌프(인력)	10
	양수기 호수	3(5)
시 비 파 종	메뉴어 스프레더	10
	라임 쏘우어	10
	부로드캐스터	10
	논벼직파기	7
	견인형 파종기(경운기 부착용)	5
	로타리 파종기(보리파종용)	5
	동력 비료살포기(석회, 규산질 시비용)	10
	육묘 파종기(육묘상자에 파종하는 파종기계)	10
	볏짚 절단기(퇴비용)	7
이 앙	동력이앙기(수동식 포함)	5
방 제	동력분무기	9
	동력살분무기	9
	인력분무기	5
	고성능분무기(논벼용)	8
	동력 스피드 스프레이어(과수전용)	6
제 초	제초기	10

구 분	기 계 명	내용연수
수 확 조 제	바인더	5
	콤바인	9
	휴대용 동력 예취기	9
	동력 자동탈곡기	10
	반자동 탈곡기	10
	순환식 건조기	8
	평면식 건조기(석유 바나형태)	10
	풍 구	5
	도정기	10
운 반	경운기 트레일러	11
	트랙터 트레일러	11
	우마차	12
	손수레	5
	화물자동차	5
농 산 가 공 용	과일선별기	8
	동력 제승기(새끼용)	5
	인력제승기	12
	인력가마니틀	12
	동력고구마 마쇄(절단기)기	5
축 산 용 구	동력 사료절단기	10
	동력 사료분쇄기	5
	동력 서강사료기	5
	인력밀봉 분리기	10
	사료자동 급여기	8
	알짜기	18
	병아리 키우는 기계	8
	착유기	10
	냉각기	5
	우유통	10
계 량 용 구	말	10
	저 울	15
기 타	스프링 클러 헤드	7
	육묘상자	5
	관리기	10
	온풍기	7
	환풍기	5
	기타 대농구(목제쟁기, 대형물통 등)	5

※ 조달청고시(제2021-41호, 2022년 1월 1일 시행) 참조

다 원예시설 및 부속 농기구 내용연수

(1) 유리, PET, PC시설

구 분			내용연수
가. 기본시설	기 초 공 사 (토 목)		20
	철 골 공 사		20
	외피복	유 리	20
		PC	10
		PET	7
	내피복	섬피, 타이	3
	천 측 창 개 폐 장 치		20
	수 평 커 텐 개 폐 장 치		10
	강 제 환 기 장 치		5
	관 수 장 치		8
	관 정		20
	양 액 재 배 (육 묘) 베 드		10
	하 이 미 스 트		10
	수 막 시 설		10
	전 기 공 사		10
	전 기 인 입		20
	관 리 사 (써 비 스 빌 딩)		20
	저 수 조		20
나. 난방시설 및 CO_2발생기	난방시설	온 풍 기	7
		온 수 보 일 러	10
		기 타	10
	CO_2발생기	액 화 식	10
		연 소 식	10
다. 농기계 및 기타 장비	운반차	전 동 운 반	10
		수 동 운 반	10
	파종기(육묘상자)		10
	기타	지 게 차	8
		스 키 로 다	10
		결 속 기	10
		선 별 기	9
		유 리 세 척	10

(2) 파이프, 비닐시설

구 분			내용연수
가. 기본시설	기 초 공 사 (토 목)		10
	철 골 공 사		10
	내피복	섬피, 타이	3
	천 측 창 개 폐 장 치		10
	수 평 커 텐 개 폐 장 치		10
	강 제 환 기 장 치		5
	관 수 장 치		8
	관 정		20
	양 액 재 배 (육 묘) 베 드		10
	하 이 미 스 트		10
	수 막 시 설		10
	전 기 공 사		10
	전 기 인 입		20
	관 리 사 (써 비 스 빌 딩)		20
	저 수 조		10
나. 난방시설 및 CO₂발생기	난방시설	온 풍 기	7
		온 수 보 일	10
		기 타	10
	CO₂발생기	액 화 식	10
		연 조 식	10
		기 타	10
다. 농기계 및 기타 장비	운 반 차	전 동 운 반	10
		수 동 운 반	10
		기 타	10
	파종기(육묘농장)		10

라 영농시설물 내용연수

시설물명 \ 시설구조		내 용 연 수									비고
		목조 와가 단층	목조 와가 2층	목조 초가 단층	목조 초가 2층	목조 함석 단층	목조 함석 2층	철근 콘크리트 건물	벽돌 또는 석조 건물	기타	
건물	주 택	60	60	50	50	40	40	80	70	30	
	헛 간	50	50	40	40	30	30	70	60	20	
	창 고	60	60	50	50	30	30	80	70	20	
	축 사	40	–	35	–	–	–	60	50	30	
	퇴비사	30	–	25	–	–	–	60	50	20	
원 예 시설물	철재(파이프)		목재			죽재			PVC		
	10		7			3			7		

※ 목조스레트는 목조 초가와 같은 기준으로 조사한다.

마 대동물 내용연수

구 분		내용연수	성축연령
젖 소	젖 짜 는 용	4	2
돼 지	번 식 돈	2.5	8개월

자료: 국립축산과학원, 「2020 축산기술 경제성 분석 방법 및 사례」

바 대식물 내용연수

구 분	결과수령	성목수령	내용연수
사 과			
– 소식(50주미만/10a)	3	7	23
– 반밀식(50-99주/10a)	3	6	16
– 밀식(100-149주/10a)	3	6	14
– 초밀식(150주 이상/10a)	3	4	13
배	4	10	31
– 배(Y자 밀식)	4	7	34
복 숭 아	3	3	24
포 도	3	7	18
앵 두	4	15	15
감	3	15	25
단 감	3	8	50
대 추	3	15	25
밤	3	15	25
살 구	4	15	35
감 귤			
– 소식(75주미만/10a)	5	12	48
– 반밀식(75-120주미만/10a)	5	10	45
– 밀식(120주이상/10a)	5	9	39
자 두	3	15	25
뽕 나 무			
– 낮추 베기	3	3	20
– 높이 베기	3	3	10
참다래	3	3	12
유자(접목시)	3~4	3~4	15
유자(실생시)	0	10	10

구 분	기간	주요내용	사이트 주소

농업경영 종합정보시스템 (농촌진흥청)	연간	○ 농산물 소득정보
		  – 작목별 10a당 생산량, 조수입,
		    경영비, 노동시간 및 소득 등 제공
			http://amis.rda.go.kr

농협 축산정보센터	일일
	월간
	연간
		○ 농산물 : 농협공판장 거래가격
		○ 축산물 : 일일, 월별가격동향
		  – 산지일평균가격, 공판장별 경락가격,
		    소매가격, 가축시장 소 거래현황
			http://livestock.nonghyup.com

농산물유통정보 (한국농수산식품 유통공사)	일일
	월간
	연간
		○ 지역별 도매정보, 소매정보
		  – 품목별 유통실태, 친환경농산물정보,
		    대형유통업체정보
		○ 거래동향 및 산지 경락가격
		○ 화훼공판장 주간, 월간시황 제공
			http://www.kamis.co.kr/

유통정보 (서울시 농수산식품공사)	일일 월간 순간 연간	○ 일일시황정보, 부류별 가격정보 ○ 표준지수, 품목별가격, 기간별가격등락 ○ 출하지정보, 친환경농산물, 성수기동향	http://www.garak.co.kr/
농업관측본부 (한국농촌경제연구원)	일일 월간 순간 연간	○ 가락도매시장 거래량 및 가격동향 ○ 채소, 과일, 과채, 축산관측월보 ○ 재배면적 및 출하예상면적 ○ 농축산물 일일 가격 동향	http://aglook.krei.re.kr (http://www.krei.re.kr)
낙농가격정보 (낙농진흥회)	월간 연간	○ 젖소산지가격, 원유수취가격 ○ 유제품유통가격, 배합사료 가격정보	http://www.dairy.or.kr
국가통계포털 (통계청)	월간 연간	○ 농기계임차료 ○ 토지임차료 ○ 농업노임 ○ 축산물 가격정보	http://kosis.kr

농수산 가공 창업설계 사례

(창업설계표준모델, 한국농수산대학)

1. 창업개요

▶ 전체 총괄

가정간편식(HMR) 창업설계 및 영농정착 표준모델

〈개요〉
- 소득목표액: 8천5백만원
- 영농기반: 없음
- 총 투자액: 5억5천만원
  - 부지구입 5,000만원(100평×50만원)
  - 건축 및 유틸리티 2억원(50평×400만원)
  - 설비구축비: 3억원
- 기간: 졸업 후 10년

2. 창업아이템(품목)

▶ 친환경 농산물을 활용한 반가공식품 배달 사업

원료확보	반조리/소분	판매망
친환경 생산원료 곡류: 잡곡류 축산: 닭, 돼지, 소 특용: 인삼, 황기 수산: 황태, 고등어	**개인 맞춤형(1일 분/3식)** 임신성 당뇨: 출산 후 기력회복 고령: 소화기능 향상 유아: 성장촉진 알레르기: 글루텐프리	**배달/친환경 판매점** SNS 초록마을 한살림 자연드림

식단표/조리법	내용물	포장	배달/조리

▶ 가. 식품산업 여건변화

○ 소비정체: 저출산·고령화에 따라 구매력이 높은 생산가능인구(15~64세)가 '17년부터 감소하면
서 식품소비기반이 정체
  – 총 인구 증가 추세가 크게 둔화되며 고령화가 급속히 증가

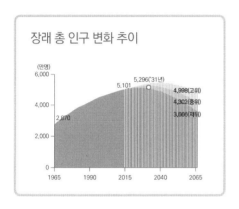

장래 총 인구 변화 추이

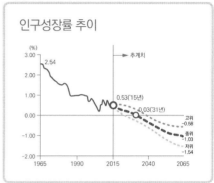

인구성장률 추이

– 식품소비 정체동향은 가계소비 지출에도 반영되어 식료품비 지출은 정체상태이나, 외식비 지
  출은 꾸준히 증가

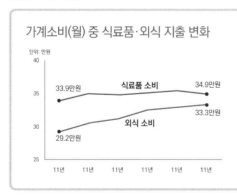

가계소비(월) 중 식료품·외식 지출 변화

▶ 최근('11~'16) 식료품 구입 지출비용
  연평균 증가율: 0.58%
  *전체 지출 중 식료품비 지출 비중은
   오히려 감소 ('11:14.2% → '16:13.7)
▶ 최근('11~'16) 외식비 지출비용
  연평균 증가율: 2.6%

◦ 간편성: 1인가구 증가, 여성의 경제활동 참여 증대에 따라 간편성이 높은 제품, 소포장 제품, 외식 등을 선호
  – 1인: ('10) 414만가구 → ('15) 515, 여성 경제참여: ('10) 49.4% → ('15) 51.8

◦ 건강중시: 기대수명 증가, 비만·당뇨 등 식습관 관련 질환 증가 등으로 인해 식생활을 통한 질병 예방의 중요성에 대한 관심 고조
  – 특히, 기대수명과 건강수명 간의 격차가 확대됨에 따라 건강한 노후생활 영위를 위한 기능성 식품, 고령친화식품에 대한 수요 증가

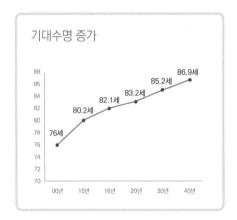

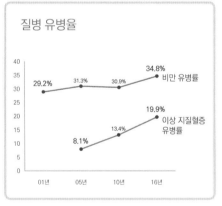

◦ 수입증가: FTA 등으로 인해 시장개방이 확대되면서, 해외 농식품 수입액이 급격히 증가하고 외
국 식문화에 대한 거부감이 약화

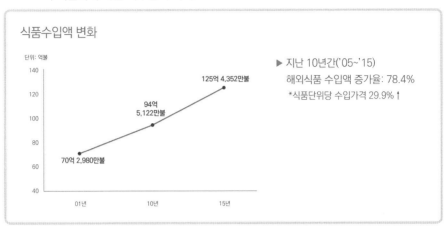

식품수입액 변화

단위: 억불

▶ 지난 10년간('05~'15)
해외식품 수입액 증가율: 78.4%
*식품단위당 수입가격 29.9%↑

▶ 품목별 식품소비 변화

◦ 대내외 환경 및 라이프 사이클 변화에 따라 품목별 소비패턴 변화 가속화
– 커피, 소스, 간편식, 건강기능식품이 8년('09~'16) 연평균 출하액 증가율 10% 이상으로 고성장

품목별 출하액의 연평균 증감율 '09~'16)

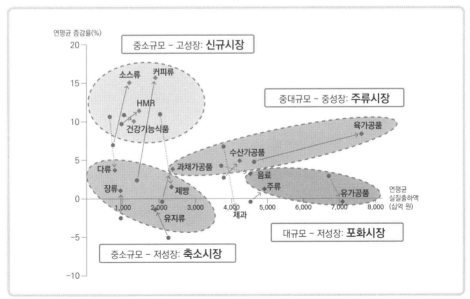

*자료: 2017년 식품산업 정보분석 전문기관 사업보고서(농식품부, 2017)

○ 특히, 커피, 도시락 및 디저트 등 혼밥족, 편도족을 겨냥하여 제품이 출시되고 있으며, 1인 가구 접근용이성 및 가성비 충족으로 급성장
  – HMR 제품은 마케팅을 고려한 '편의성'을 기준으로 분류

구 분	개 념	예 시
즉석섭취 (Ready-To-Eat; RTE)	별도의 조리 없이 구매 후 바로 먹을 수 있는 것 *식품공전: 즉석섭취식품, 신선편의식품 과 유사	도시락, 초밥, 김밥, 샐러드, 샌드위치, 치킨
가열 후 섭취 (Ready-To-Heat; RTH)	단시간 데우거나 끓여서 섭취 할 수 있는 것 *식품공전: 즉석조리식품 중 일부 **단시간: 팬 15분, 오븐 20분, 전자레인지 10분 이하	즉석밥, 죽, 즉석국 등 레토르트 상품
간단조리 후 섭취 (Ready-To-end-Cook; RTC)	가열 후 섭취식품과 비슷하나 조리시간이 다름 * 팬 15분, 오븐 20분, 전자레인지에서 10분 이상	냉동돈가스, 육개장, 매운탕 등 전처리 식품
조리 후 섭취 (Ready-To-Cook)	음식에 필요한 재료를 조리하기 쉽게 손질하여 소분 포장한 식품 것	냉장/냉동 해산물, 육류, 생선류, 조리용 소분 채소

  – 2012년부터 2017.6월 까지 출원된 특허는 총 832건으로 소비증가에 따라 특허기술 출원량도 증가 추세
  · '간단하고 빨리 먹을 수 있는 음식'에서 신선하고 장기간 보관이 가능하며, 기능성을 가질 수 있도록 기술개발 중

구 분	주요기술
즉석섭취 (RTE)	– 신선도유지를 통한 유통기간연장이 핵심 · 초고압 비가열공법 이용 채소 세척 · 설탕을 첨가하고 냉동하여 식품의 맛과 색상 유지
가열 후 섭취 (RTH)	– 슈퍼푸드에 대한 소비자의 관심증대로 기능성 강조 기술 대두 · 다이어트, 혈압상승 억제 기술 · 밀가루 알레르기 소비자를 위한 글루텐프리 기술
간단조리 후 섭취 (RTC)	– 저장성과 품질향상 기술이 주류 · 신선편의용 감자의 저장성을 높여 유통 중 이취감소 · 감자의 갈변억제를 위한 공기차단 기술
조리 후 섭취	– 친환경 포장, 합성 첨가물 및 보존료 무첨가 기술 등 · 닭털 단백질을 이용한 생분해성 필름 제조 · 백작약, 오배자, 감초 추출물을 함유하는 천연 항산화제 등

○ 농산업체의 영세성과 대기업의 브랜드 파워 등으로 성장의 한계가 예상되는바, 국산원료를 사용한 혁신적인 사업모델 개발 요구

  – 종사자 5인 미만 기업이 전체 사업체 수의 86.1%임에도 매출액은 전체의 28.2%에 불과하여 양극화 심화('15년 경제총조사)

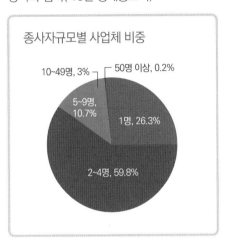

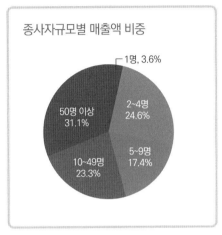

▶ 다. 산업동향 및 관련정책

○ HMR 시장규모는 2010년부터 2015년까지 연평균 14.3% 증가하였으나, 최근 2년은 평균 25.4%의 빠른 성장세를 보임

  – 가정편의식(HMR) 시장: ('10) 0.86조원 → ('13) 1.60 → ('17) 2.64

HMR 시장규모(국내 판매액) 추이

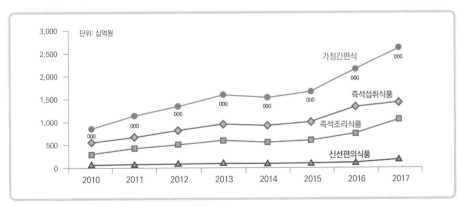

*자료: 2018년 식품산업정보분석 전문기관 사업보고서(농식품부, '18)

  – 세부 분류별로는 즉석조리식품 국내판매액의 연평균 성장률('10~'17)이 21.1%로 신선편의식품(20.9%)과 즉석섭취식품(14.8%)보다 큼

○ HMR 시장은 변화를 가속하며 4세대 성장기에 진입
- HMR 시장에서 경쟁력을 갖기 위해 유명 셰프 혹은 맛집과의 협업(콜라보레이션)을 통해 프리미엄 일상식이나 안주 등을 제안

HMR 시장의 변화

구분	도입기		성장기	
	1세대	2세대	3세대	4세대
시기	'80년대~'00년대 초반	'00년대 초반~'13년	'13~'14년	'15년~현재
특징	편의성	신선함, 냉장·냉동제품	다양성·다변화	프리미엄 일상식
주요제품	3분요리, 즉석밥	냉장식품, 냉동만두	컵밥, 국물요리, 한식반찬	유통업체PB, 콜라보레이션

- HMR 제품의 수출은 2010년 2억 6,164만 달러에서 2017년 4억 6,594만 달러로 연평균 8.6% 증가
○ 농림축산식품부에서는 '18년 HMR식품을 미래유망산업으로 선정하고 생산기반 조성 등 집중 육성 계획

제3차 식품산업 진흥계획('18~'22) 중 HMR 육성정책

1인가구 증대 추세 속에서 가정간편식(HMR)의 지속성장을 뒷받침하기 위해 품질관리 및 식재료의 원활한 조달 지원

- 관련협회(한국HMR협회)와 협력체계를 구축하고 신제품 개발 및 품질 표준화 등을 위한 R&D* 등 정책수요 발굴·지원
  *미래형 기술 접목을 통한 품질 고급화, 친환경 HMR 포장용기 개발 등
- 국산 식재료를 활용한 가정간편식(HMR) 제작 및 판로확대 지원
  - 원료구매자금 등 정책자금을 활용하여 국산 원료 사용을 유도
  - 농가맛집, 우수 외식업지구 등의 인기메뉴를 가정간편식(HMR)으로 브랜드화하여 제작하고 온·오프라인 유통채널을 통한 판매 지원

▶ 라. 향후 전망

- 1인 가구 증가, 고령화, 맞벌이 증가, 여성의 경제활동 증가 등으로 HMR 시장이 늘어날 것으로 예상
  - 유통업체 및 식품 제조업체들은 성장하는 HMR 시장에서 성장 동력을 확보하기 위해 HMR 브랜드 론칭을 2015년 이후 가속화
- 브랜드, 용도, 기능, 포장 등 다양한 측면을 고려한 새로운 제품들이 출시
  - 일식, 중식, 양식, 한식에 걸친 HMR 제품 출시로 소비자들의 선택권이 넓어지고 있으며 국, 탕, 찌개, 스프 등 메뉴가 다양해지면서 제품을 포장하는 방법도 다양해 지고 있는 추세
  - 혼밥 및 혼술족이 증가하며 집에서 간편히 즐길 수 있는 요리·안주 거리에 대한 다양한 제품 개발 및 출시
  - 유기농 HMR 제품 등 건강을 고려하는 추세에 맞추어 식재료를 고급화시키고 비타민 및 오메가 3 첨가 등과 같이 풍부한 영양과 기능성을 갖춘 제품을 출시하고 있는 추세
  - 세븐일레븐의 '밥도그', 아침주식회사의 '아침란', 오뚜기의 '라밥 3종 세트', 풀무원의 '컵 안의 맛있는 두부 한 끼' 등 식사 대용으로 먹는 기존의 HMR 제품과 차별화 된 제품 출시
- 온라인 판매 비중 증가 전망
  - 2017년 음·식료품의 온라인 판매시장은 7조 8,411억 원(통계청, 온라인 쇼핑동향 조사)으로 추정되며, 화장품에 이어 두 번째로 성장세가 높음
  - '18년 3분기 온라인 판매 증가율: (1순위)화장품 26.4%, (2순위)음·식료품 25.9%
  - 온라인 검색량이 높게 발생한 품목이 판매량도 높게 나타남

HMR 카테고리별 판매 및 온라인 검색 순위 TOP 10('16.7~'17.6)

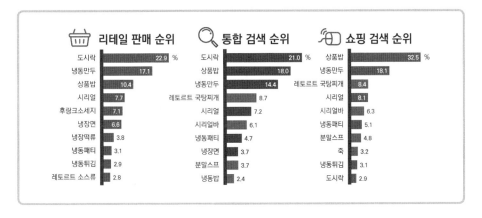

- 식품 안전성 확대
  - HMR 제품의 유통기한을 늘리기 위해 화학 보존료를 첨가한다는 우려가 있지만, 이를 불식시키기 위해 보존료 무첨가 제품 등을 출시
  - HMR 제품에 대한 올바른 지식 홍보, 공장 견학 등의 노력을 통하여 소비자들에게 HMR 제품에 대한 인식제고를 위해 노력 중

HMR 시장의 SWOT 분석

내부환경 / 외부환경	강점(S)	약점(W)
	• 규모화 진전 및 고용창출 • 높은 부가가치율/영업이익률 • 높은 국내산 원재료 사용률 • 위생/안전성, 맛 집중관리	• 낮은 포장 및 가공·저장기술 수준 • 적은 출하처 • 낮은 브랜드 인지도 • 연구개발 역량 미흡
기회 (O) • 식생활 외부화 가속 • 간편 식문화 경향 • 해외 수출 기회 • 성장하는 산업 • 국내산 원재료 제품 선호	**역량확대(SO)** ▶ 국내산 원재료 사용률 제고 ▶ 적극적인 해외시장 개척 ▶ 맞춤형 제품개발	**기회포착(WO)** ▶ 안정적 원재료 확보 ▶ 경쟁력 강화 지원 ▶ 적극적인 해외시장 개척
위협 (T) • 시장경쟁 격화 • 유통업체의 불공정 관행 및 거래 • 원료수급 어려움 • 전문인력 수급 어려움 • R&D 투자비 증가	**선택집중(ST)** ▶ 창업농 연구개발 강화 ▶ 유통채널의 다양화 ▶ 품질경쟁력 제고 지원 ▶ 위생 및 안전성 관리 강화	**약점극복(WT)** ▶ 개인맞춤형 유통채널 조성 ▶ 창업농 R&D 강화 ▶ 졸업생 공동 브랜드 개발 ▶ 전문인력 육성

4. 사업목표설정

기본방향

① 원료: 기존 대기업 제품과 경쟁우위를 선점할 수 있는 원료사용
　　– 친환경, 무농약, 저농약, non-GMO, 농산물생산이력제, 무항생제
② 제품: 사회환경 변화에 따른 개인맞춤형 제품
　　– (임산부) 임신성 당뇨, (노인) 소화+영양보강, (유아) 아토피개선 등
③ 생산: 지역가공센터 장비활용 등 초기투자비용 절감을 위한 협력
④ 판매: SNS, 친환경 농산물 판매장, 지역로컬 인터넷 쇼핑 망
⑤ 안전: HACCP 가공시설

▶ **생산 및 가격 계획**

원료확보		반조리/소분		판매망
친환경 생산원료 곡류: 잡곡류 축산: 닭, 돼지, 소 특용: 인삼, 황기 수산: 황태, 고등어	원료 공급 ▶ (계약 재배)	**개인 맞춤형** 임신성 당뇨: 기력회복 고령: 소화기능 향상 유아: 성장촉진 알레르기: 글루텐프리	냉장 유통 ▶	**배달/친환경 판매점** SNS 초록마을 한살림 자연드림

식단표/조리법	내용물	포장	배달/조리

○ 판매가격: 15,000원(3식/1세트), 마진: 1,700원
　– 직접비: 10,000원(3식분)
　　· 원료비 2,500원, 포장비 1,500원, 유통비 3,000원, 인건비 등 3,000원
　– 간접비: 3,300원(3식분)
　　· 일반관리비 1,000원, 영업비 1,000원, 홍보비 1,300원

○ 제조공정

원료입고		저장		처리		포장/출고		고객관리
· 규격 · 원산지 · 품질 · 유통기간 · 안전성	▶	· 상온 · 냉장 · 예냉/냉동 · 혼입방지	▶	· 선별세척 · 절단 · 계량 · 조리/가공 · 살균	▶	· 개인별분류 · 내포장 · 외포장 · 보관 · 냉장유통	▶	· 클레임 · 분쟁 · 요구사항 · 고객정보 · 유통정보

– 제조공정 흐름도 예시

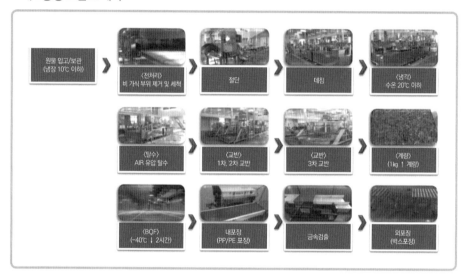

– 식단표 예시(3식/1세트)

아침	점심	저녁
쌀밥　　당뇨밥 숭늉 임연수무조림 버섯두부된장찌개 호박새우젓볶음 배추김치	흑미밥　　당뇨밥 쇠고기미역들깨국 진미부추무침 깻잎양념조림 잡채 배추김치	기장쌀밥　　당뇨밥 대구알탕 단호박감자조림 으깬감자완두콩샐러드 가지양파볶음 배추김치흰죽　　흰미음
흰죽　　흰미음	흑임자콩죽　녹두미음	브로컬리죽　양송이미음

○ 사업추진 일정

구 분	당해년도				차년도			
	1분기	2분기	3분기	4분기	1분기	2분기	3분기	4분기
1. 시장조사 　- 품목선정	■							
2. 친환경 원료확보 계약 　- 졸업생 활용		■	■					
3. 제조공정 설정 및 설비조사		■						
4. 공장건축 부지확보 　- 또는 기존 식품공장 인수			■					
5. 건축 및 설비도입 　- HACCP 인증				■	■	■		
6. 생산/판매 　- 일부 중간소재 센터 생산								■
7. 판매전까지 OEM 생산 　- 판매망 구축			■	■	■	■	■	■

5. 창업설계

▶ 자금 및 농지 확보 방안

○ 자금: (정부지원사업) 맞춤형 농림사업안내(http://uni.agrix.go.kr)

국가중장기 계획에 대한 주요기관의 지원사업

기 관	주요내용
농촌진흥청	① 산업화: 공동가공시설, 창업, 품질개선, 판로 지원 ② 신기술: 신기술시범사업
실용화재단	① 사업화: 시제품 제작비, 청년·여성벤처 창업지원 ② 판로: 국내·유통채널 입점, 바이어초청, 국내외 인증
aT	① 식품산업육성: 국산원료사용, 전통발효식품 육성 　*계약재배, 중소기업 경영개선 및 판로지원 등
지자체	① 기업지원: 식품소재 및 반가공산업 육성 　*공장, 창고, 기기, 장비, 설비 구축지원

▶ 기술 도입방안

　○ 농업기술 실용화재단 기술이전 지원사업 활용

　농업기술실용화재단 실용화 지원사업

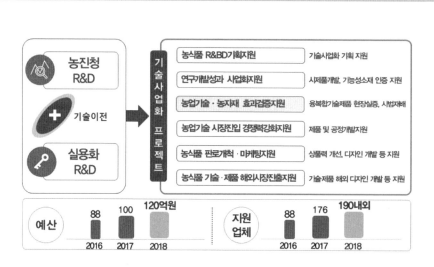

🔄 국유특허 기술이전 신청서 작성단계

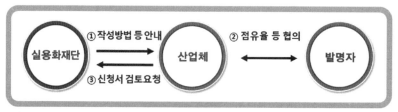

🐦 (업체)부속서류

* 사업자등록증 사본 1부
* 법인등기부등본 1부(법인사업자)
* 법인인감증명서 1부(법인사업자)
* 개인인감증명서 1부(개인사업자)
* 사용인감증명서 1부
* 통상실시권 동의서(공동권리)

📊 신청서류 제출

* 방문접수 또는 우편접수
54667 전라북도 익산시 평동로 457
농업기술실용화재단 기술창출이전팀
기술이전 담당자 앞

⚙ 서류작성 주의사항

서명으로 대체 불가
신청서류와 계약서 직인은 동일

★ 신청 양식 : 농업기술실용화재단 홈페이지(www.fact.or.kr) → 메뉴 → [실용화정보실]-[자료실]

▶ 투자, 마케팅(판매), 재무, 회계 활동, 손익분석

◦ 농식품 모태 펀드 출자를 통한 투자 유치

구분	미시간 펀드 (미시간글로벌식품 투자조합2호)	세종 펀드 (세종농식품R&D사업화 투자조합)	이후VC 및 지엔텍펀드 (A&F미래성장투자조합)
해당분야	특수목적/소형프로젝트분야	특수목적/R&D분야	일반 분야
운용사	미시간벤처캐피탈(주)	(주)세종벤처파트너스	㈜이후인베스트먼트, 지앤텍벤처투자㈜
주요 투자대상	연매출액 30억 원미만인 업체	국가 연구개발사업을 통해 도출된 결과물을 이전받아 사업을 영위하는 업체	농식품사업을 운영하는 농식품경영체 (대기업프랜차이즈계열제외)
결성일	2013.8.29.	2014.7.10.	2016.10.25
결성총액	100억	100억	425억

◦ 농업기술 실용화 재단 우수기술사업지원사업 활용

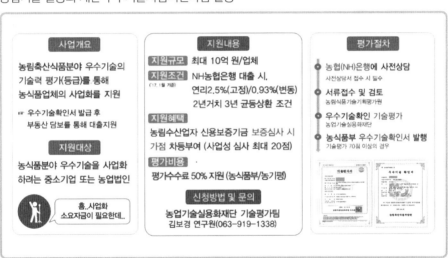

◦ 농식품 기술가치 평가를 통한 기술금융 지원사업 이용
- 뉴캐슬병 백신(80억 투자유치), 기능성종자(30억 투자유치)

6. 경영순환

▶ 판매 후 사후관리 메뉴얼

회수업무 처리의 흐름도

1. 회수상황접수	· 유통제품 회수상황 접수 · 제품 회수, 상황정보 수립 · 회수제품 위해물질 시험분석, 고객품질정보 수집 · 자체회수 보고	품질 물류
2. 회수대상제품 출고중지 및 보류조치	· 회수 대상제품 출고 및 판매보류조치 · 회수품목, 예상물량 및 고객사용 중지 통보 및 교환(유선, 팩스)	물류
3. 회수분류결정	· 자율회수, 강제회수 상황 분류 · 회수제품의 분포, 수량, 회수범위 결정 · 회수 명령 결정	팀장 물류 품질
4. 회수계획수립	· 회수계획의 수립(회수 상황 분류, 범위, 방법) · 회수 공문 작성	물류
5. 회수실시	· 회수 계획에 의한 회수 실시 · 유통지역, 거래선 통부 · 회수 제품 별도 보관 관리	물류
6. 회수제품품질 평가분석	· 회수제품 로트 샘플 분석 평가 · 품질 파악 회수 상황 확인 · 위해물질 시험 분석	품질
7. 회수결과	· 회수의 실시 및 결과 보고 · 미회수 처리 제품에 대한 사후 대책 · 회수 처리 제품 폐기처리 · 회수 평가서 작성(※ 자사 자체양식) · 법적 대응 및 조치	물류
8. 사후관리	· 회수 관련 제품 원인 및 대책 수립 · 사전예방관리 체계 구축	생산

▶ 배경

- ○ 1인가구 증가, 여성의 경제활동 참여 증대에 따라 간편성이 높은 제품, 소포장 제품, 외식 등을 선호
  - 가정간편식(HMR)시장이 급성장세 ('09: 0.7조원 → '16: 2.3)
- ○ 기대수명 증가, 비만·당뇨 등 식습관 관련 질환 증가 등으로 인해 식생활을 통한 질병예방의 중요성에 대한 관심 고조

▶ 창업전략

원료확보		반조리/소분		판매망
친환경 생산원료 곡류: 잡곡류 축산: 닭, 돼지, 소 특용: 인삼, 황기 수산: 황태, 고등어	원료 공급 ▶ (계약 재배)	**개인 맞춤형** 임신성 당뇨: 기력회복 고령: 소화기능 향상 유아: 성장촉진 알레르기: 글루텐프리	냉장 유통 ▶	**배달/친환경 판매점** SNS 초록마을 한살림 자연드림

식단표/조리법	내용물	포장	배달/조리

▶ 차별화 요소

- ○ 친환경, 무농약, 저농약, 무항생제 원료 사용(농가생산이력제)
- ○ 개인 맞춤형 제공
  - 유아, 청소년, 수험생, 임산부, 아토피환자, 당뇨, 치매환자 등

국내사례 _ 반찬 인터넷 판매

- ▶ 업체: 더반찬(전종하 대표)
- ▶ 혁신: 반찬 당일 배달 서비스
  - 착안: 현대인의 라이프 사이클 공략
  - 매출: 300억원/회원수 25만명

▶ 창업개요

구 분	산출내역
회원수	2,000명 기준 (평균구매율 25% = 평균 500명 재구매 가정)
1일 원료 처리량	곡물 200kg(잡곡+보리+쌀 등), 식재료 100kg(닭+채소+수산물)

생산단가	▶ 직접비: 10,000원(3식분)
	   – 원료비 2,500원, 포장비 1,500원, 유통비 3,000원, 인건비 등 3,000원
	▶ 간접비: 3,300원(3식분)
	   – 일반관리비 1,000원, 영업비 1,000원, 홍보비 1,300원
	▶ 판매가: 15,000원/3식/1세트, 마진: 1,700원

필요시설	▶ 시설: 가공공장 50평(냉동창고 5평, 냉장창고 5평, 포장재 창고
	      10평, 곡물 등 보관창고 10평, 사무실 3평)
	▶ 설비: 세척기 2대, 세절기 2대, 포장기 2대, 즉석밥제조장치 1대,
	      저울 2대, 로스팅기 1대, 졸임기 1대, 작업대 및 컨베이어

소요예산	▶ 총 5억5천만원
	   – 부지구입 5,000만원(100평×50만원)
	   – 건축 및 유틸리티 2억원(50평×400만원)
	   – 설비구축비 3억원

예산확보	졸업 후 융자 3억원 + 지자체 보조 5천만원 + 자부담 2억원 # 정부지원사업: 맞춤형 농림사업안내(http://uni.agrix.go.kr)
수익성	영업이익 11.3%: 8,500,000원/월(1.02억원/년) – 개당 판매가 15,000원(5,000원/1식)×5,000개/월×11.3%(마진율) (평균 500명이 10회/월 구매)

▶ 제조공정

원료입고	저장	처리	포장/출고	고객관리
· 규격 · 원산지 · 품질 · 유통기간 · 안전성	· 상온 · 냉장 · 예냉/냉동 · 혼입방지	· 선별세척 · 절단 · 계량 · 조리/가공 · 살균	· 개인별분류 · 내포장 · 외포장 · 보관 · 냉장유통	· 클레임 · 분쟁 · 요구사항 · 고객정보 · 유통정보

▶ 관련법령

○ 식품위생법, 식품공전, 식품첨가물공전

▶ 배경

○ 우리나라 음료시장은 2016년 6조원으로 식품전체 생산액 73조원의 8.3% 차지
  – 식품 등 생산량 및 생산액 중 다류+커피+음료류, 식약처(2018)
○ 현대인은 건강한 삶을 위하여 인공재료를 기피 하고 내츄럴 원료를 선호하기 때문에 초고압처리 제품 등의 프리미엄 음료 시장확대
  – 착즙주스 시장: ('13) 196억원 → ('15) 274 → ('17) 335

▶ 창업전략

원료확보		가공		판매망
친환경 생산원료 과일: 딸기, 감, 유자, 사과, 블루베리, 복분자 채소: 양파, 배추, 고추 기타: 땅콩, 팽이버섯	원료 공급 ▶ (계약 재배)	**소비자 유형별** 젊은 여성: 다이어트 중년층: 숙취해소 노년층: 면역 조절 어린이: 영양소 공급	냉장 유통 ▶	**친환경 판매점/급식** 로컬푸드매장 초록마을 한살림 학교/단체 급식

원료	최신가공기술(PEF)	초고압살균	유통

▶ 차별화 요소

○ 지역 특화 농산물의 안전성, 건전성의 이미지 제고
  – 클린라벨, 첨가물 최소 사용, 보존료 무첨가, 유기농
○ 과채 원물의 영양적, 관능적 특성 보존하는 가공 기술
○ 섭취 및 휴대 편리성을 제공하는 포장법

국내사례 _ 음청류 국내 유통 판매

▶ 업체: 영농조합 데이웰(이득주 대표)
▶ 혁신: 주문자 맞춤형 제품 개발 및 생산
  – 착안: 사용 용도별 제품 다양화(카페용, 소비자용, B2B용)
  – 매출: 50억원/년

▶ 창업개요

구 분	산출내역
예상 고객 수	일 매장 방문자 1,000명 기준 (평균구매율 0.1% = 평균 1명 구매 가정/매장), 전국 100개 매장, 일 100세트 구매
1일 원료 처리량	과채 1,200kg(과일, 야채 등)

생산단가	*200mL*30개=1세트 기준
	▶ 직접비: 600원/개, 18,000원/세트
	  – 원료비 200원/개, 포장비 100원/개, 유통비 100원/개, 인건비 등 200원/개
	▶ 간접비: 250원/개, 6,000원/세트
	  – 일반관리비 100원/개, 영업비 100원/개, 홍보비 50원/개
	▶ 공장출하가: 1,000원/개, 30,000원/세트
	▶ 마진: 150원/개, 4,500원/세트

필요시설	시설: 가공공장 70평(냉동창고 5평, 냉장창고 5평, 상온창고 5평,
	  포장재 창고 10평, 원재료용 상온보관창고 10평, 사무실
	  및 품질관리실 5평, 가공실 30평)
	설비: 농산물 세척기 1대, 분쇄기 1대, 착즙기 1대, 여과기 1대,
	  살균기 1대, 포장기 1대, 저울 2대, 작업대 및 컨베이어

소요예산	▶ 총 6억8천만원
	  – 부지구입 1억원(200평×50만원)
	  – 건축 및 유틸리티 2.8억원(70평×400만원)
	  – 설비구축비 3억원

예산확보	졸업 후 융자 3.5억원 + 지자체 보조 8천만원 + 자부담 2.5억원 *정부지원사업: 맞춤형 농림사업안내(http://uni.agrix.go.kr)
수익성	영업이익 15%: 9,000,000원/월(1.08억원/년) – 세트당 출하가 3만원×100세트/일*20일=6천만원/월매출 – 마진 6천만원×15%(마진율)=9백만원/월 (일평균 100세트 판매 기준)

▶ 제조공정

원료입고	저장	가공	포장/출고	고객관리
· 입고규격 · 원산지 · 유통기한 · 안전성	· 온습도 · 밀폐 · 환기 · 기록관리	· 선별세척 · 분쇄 · 착즙 · 여과 · 살균	· 밀봉 · 외포장 · 상적 · 보관 · 출고	· 고객정보 · 유통정보 · 클레임 · 분쟁 · 피드백

▶ 배경

- 국내 음주문화가 취하기 위한 술에서 즐기는 술로 변모하면서 하우스맥주에 대한 선호도 급성장
  - 맥주제조 면허장 수: ('12)69개 → ('14) 61 → ('16) 88
- 국산원료를 사용한 '지역특산주' 및 소규모주류제조 업체는 주세를 감경 해주기 때문에 대형업체에 대해 경쟁우위
  - 맥주 주세: 일반면허(72%) → 지역특산주(36%), 규모주류제조(20%~40%)

▶ 창업전략

원료확보		발효/조리		6차산업
친환경 생산원료 보리: 맥아 밀: 맛 다양화 홉: 국산원료 효모: 국산 효모	원료 공급 ▶ (계약 재배)	**소비자 유형별** 젊은층: 생맥주 장년층: 고품질 여성: 향이강한 맥주 남성: 알코올이 강한술	체험 ▶ 볼거리	**교육/체험/볼거리** 교육: 양조기술 체험: 맥주양조 스토리텔링 마리아주

국산원료	발효	제품	6차산업화

▶ 차별화 요소

- 역 특화 농산물의 건전성 및 지역농가와의 상생 이미지 제고
- 술을 파는 것이 아니라 술문화를 판매
  - 고객 맞춤형 제품, 스토리 텔링, 찾아가는 양조장

국내사례 _ 수제 맥주 판매, 유통

- ▶ 업체: 버드나무 브로어리(전은경 대표)
- ▶ 혁신: 오래된 막걸리 양조장을 맥주양조장으로
  - 농산물 사용: 보리 3톤, 쌀 2톤
  - 방문객: 300명/1일, 매출: 16억원/년

구 분	산출내역
예상 고객 수	일 매장 방문자 100명 기준, 1인당 500cc 2잔 음용
1일 원료 처리량	곡물 40kg(보리, 밀), 홉 400g/일
생산단가	▶ 직접비: 80만원/일 - 원료비 10만원/일, 인건비 40만원/일, 주류세금 30만원/일 ▶ 간접비: 20만원/일 - 일반관리비 10만원/일, 영업비 5만원/일, 홍보비 5만원/일 ▶ 판매가: 7,000원/500cc ▶ 마진: 제조가격의 40%
필요시설	시설: 하우스양조장 70평 - 냉장창고 5평, 포장재 창고 5평, 원재료용 상온보관창고 5평 발효실/숙성실 10평, 영업장 45평 설비: 분쇄기 1대, 발효/여과기 2대, 숙성조 2대, 조리설비 1 SET, 보일러 1대
소요예산	▶ 총 6억3천만원 - 부지구입 5천만원(100평 × 50만원) - 건축 및 유틸리티 2.8억원(70평 × 400만원) - 설비구축비 3억원
예산확보	졸업 후 융자 3.5억원 + 지자체 보조 8천만원 + 자부담 2.0억원 *정부지원사업: 맞춤형 농림사업안내(http://uni.agrix.go.kr)
수익성	▶ 영업이익 40%: 40만원/일(0.96억원/년, 영업일 20일) - 1일 매출액: 7,000원 ×2 00잔 = 1,400,000원 - 1일 마진: 1,400,000원- 소요경비 1,000,000 = 400,000 - 년소득: 400,000원 × 20일 × 12달 = 96,000,000원

▶ **제조공정**

▶ **관련법령**

  ○ 식품위생법, 식품공전, 식품첨가물공전
  ○ 주세법, 전통주 등 산업진흥에관한 법률

1. 김동환·김병률·김재식(2013), 농산물유통론, 농민신문사

2. 김용택·김석현·김태균(2003), 농업경영학, 한국방송통신대학교출판부

3. 김정식(2013), CEO가 만든 사업계획서 작성 Guide Book, 북넷

4. 농림부(2007), 농업인이 알아야 할 농장회계 길라잡이

5. 농림수산식품부(2013), 농안법을 알면 농산물 유통이 보인다

6. 농촌진흥청(2019), 2019 농업과학기술 경제성분석기준자료집

7. 안덕현(2008), 영농설계 이렇게 합시다, 농경과 원예

8. 이훈영(2002), 이마케팅플러스, 무역경영사

9. 한국농수산대학(2019), 창업설계 표준모델

10. Ronald D. Kay, William M. Edwards and Patricia A. Duffy(2008), Farm Management(sixth edition), Mcgraw·Hill International Edition

농수산
창업설계

개정5판 인쇄 2023년 02월 01일
개정5판 발행 2023년 02월 10일
지은이 양주환

펴낸이 김양수
책임편집 이정은

펴낸곳 도서출판 맑은샘
출판등록 제2012-000035
주소 경기도 고양시 일산서구 중앙로 1456 서현프라자 604호
전화 031) 906-5006
팩스 031) 906-5079
홈페이지 www.booksam.kr
블로그 http://blog.naver.com/okbook1234
이메일 okbook1234@naver.com

ISBN 979-11-5778-586-5 (03320)